ちくま新書

死の病いと生の哲学

船木 亨
Funaki Toru

1506

死の病いと生の哲学【目次】

はじめに　007

プロローグ　023

二種類の死／死の衝動／哲学的断章1 人生論考

第1章　がんとの遭遇　043

ある日のこと／病院に行くということ／タイミング／現実なるもの／死と物語／がんになるのは不公平か？／病気の人の国／哲学的断章2 群れとしての社会

第2章　死　067

生の条件／メモを残す／何を遺すべきか？／死への恐怖／死後の世界／故人の記憶／葬儀／哲学的断章3 死と魂について

第3章　いかにして歳をとるか　097

人は死ぬ／母のこと／年齢道徳／自然の歯車／哲学的断章4 人生の大いなる車輪

第4章 がんという「病気」 121

死因としてのがん／五年生存率／新薬を待つ／がんは治るか？／がんは原因か？／タバコ／確率と必然性／確率論的思考／がんという現象／がんとの戦い／拷問のような治療／抗がん剤／免疫療法

第5章 がん病棟にて 163

多と一／苦痛は心にある／体と心／代替療法と民間療法／病院のスケジュール／インフォームド・コンセント／ある医師との会話／治療の主体／病気との戦い

第6章 助けを求めて 199

尊厳死／生活の質／患者の勇気／縛られたプロメーテウス／抗うつ剤／カミングアウト／家族／情けなさ／生老病癌死

第7章 生と命 223
選択／責任／後悔しない生き方／エピメーテウス／運命／生の拡張／手術／器官なき身体／エロスとロゴス／哲学的断章5 知覚と生

第8章 老いについて 255
余命と余生／寿命／がんと老化／老いたということ／永遠の若さ？／老いの価値転倒／終活？／老いの自覚／怒りは愛の欲望である／子どものような年寄り／おとなと子ども／老人の寛容さとは／哲学的断章6 魂の声

エピローグ 295
邯鄲の夢／若者と老人／個体の進化論／人生の物語

あとがき 309

人名・書名索引 i

本書は、自身ががんになったという経験を通じて、「生きるとはどのようなことか」について考えたことを述べたものです。

文中に含まれる医学的内容については、ネットで容易に接することのできるレベルのものであり、特に裏づけをとっているものではありませんから、不正確な記述があればお許しください。本書の主題は、医学情報を提供することにあるのではなく、あくまでも、それに接して何を考えるべきかに関わるものです。

なお、「哲学的断章」と題された節があります。がんになってから私の身に起こったことを折々に記しながら、ふと発想が形而上学的問題へと飛火していった箇所です。

形而上学は哲学の原理的部門のことですが、経験を超えて、経験のみからは認識できない諸概念の検討をする学問です。難しいと感じられたら飛ばして読んでいただいて差し支えありません。興味を覚えられたときにまた繙いていただければ著者としては僥倖であるとして、残させていただきました。

はじめに

映画『バイオハザードⅣ』で有名になった渋谷のスクランブル交差点が、人もまばら、巨大ディスプレイの中から都知事が外出自粛を呼びかけている。銀座大通りは、衰退した地方都市のように有名店舗がシャッターを下ろし、人も歩いていないらしい。近未来SF映画そのものだ。

前著『現代思想講義』の序文で、私は、三〇年後の社会では人々はただ引き籠《こも》ってネット暮らし、ベーシックインカムによってかろうじて生活していると述べたのだったが、それがこんなにも早く、しかも忽然《こつぜん》として実現してしまったとは！——この状況はまもなく解除されるであろうけれども、もはや以前には戻らない。人々は、テレワークやビデオ会議を始めとして、近未来の生活を実感した。否、新型コロナウイルスのせいで、すでにそこへと一気に引きずり込まれてしまったのだ。

これを書いているのは二〇二〇年四月七日、わが国にも「緊急事態宣言」が出された日である。私はといえば、がんが見つかってから一年ちょっと、放射線、手術、抗がん剤の標準治療を終えたところで、幸いにも今のところ再発転移はなく、普通の活動に戻るための何もしない日々を過ごしている。

体調は、外出しようにもままならない状態なのではあるが、巷《ちまた》では外出自粛が要請され、やれ「家にいると退屈だから」と出歩いている若者たちや、やれ「自分は罹《かか》っても軽症」と深夜まで飲んでいるサラリーマンたちがいて、顰蹙《ひんしゅく》を買っているそうである。

なかには、マスクをつけずにいてくしゃみして蹴られた人や、殴られた人もいるらしい——新型コロナウイルスという「眼に見えない怪物」が街を闊歩《かっぽ》している。

なるほど『バイオハザードⅣ』では、傘をさした人々のあいだから、一瞬にしてゾンビである人物の形相《ぎょうそう》や行動が変わり、その姿を現わすのだからまだ分かりやすかった。だが、本物のパンデミック（感染症の世界的流行）では、そこを歩いている誰が感染者かは分からない。感染を用心してびくびく行動している自分が、すでに感染者として他の人にウイルスをうつしているところかもしれないのだ。

パンデミックの恐怖を表現したものとしては、一九七六年公開、バート・ランカスター主演の映画『カサンドラ・クロス』では、細菌兵器の漏洩《ろうえい》という国家対立を背景とするものとして描かれていたが、一九九五年公開、ダスティン・ホフマン主演の映画『アウトブレイク』は、医療者の身につけるものものしい装備によって、現代社会を脆《もろ》くも崩壊させかねない得体の知れない「新しい病気」の恐怖を表現していた。

その後もパンデミックを描いた映画がいくつも製作されてきたが、しかし、私はどれにも違和感を抱いていた。というのも、病気の恐ろしさを表現するために、その病気は感染してあっという間《ま》、数時間、ないし数日のあいだに感染者を死亡させるとされていたからである。

人をあっという間に殺す病気はなるほど怖ろしい。だが、そこまで早く宿主を殺してしまうのであれば、その細菌やウイルスは蔓延《まんえん》することができないだろう。本当に恐ろしい細菌やウイルスは、いつの間にか感染してしまい、しかもそれが劇症になる場合があっという間で、病状に対処できないし、それに気づいたときにはすでに無数の人に感染してしまっているというタイプの細菌やウイルスでなければならないはずだと考えていた――新型コロナウイルスはまさにそれであった。

われわれは、中国、イタリア、スペインと、感染が広がっていくのを比較的呑気《のんき》に眺めていたように思う。なぜ日本が、発生源の中国が隣国であるというのに感染が広まらないのかは、マスクをする人が多いからとか、知人どうしで握手やハグや頰ずりやキスをしないからとか、何となく考えられていた。しかし、この一週間、東京では一日の感染者数が一〇〇を越え、グラフは、数千の死者を出しているニューヨークの二週間前といった様相を呈するに至って、遂に緊急事態宣言が出されることになったのだった。

それにしてもである。各国政府が一斉に、外交、経済、教育を差し置いて、都市封鎖にまで進むウイルス対策を行う「生命政治」をどう理解すべきなのか。

従来から、新型インフルエンザ対策として空港検疫——入国者、帰国者の体温を検知して、感染者を隔離する政策はあった。それが生命政治（バイオポリティックス）の典型的な施策である。熱が出ているというのは、なるほど感染症による体調の悪さを示す明快な指標ではあるが、しかし、熱が出ていなくても感染しているということはあり得る。どうやってそれで感染者の入国を阻《はば》めるのか、流行を阻止できるのか、ともかくも対策はしているという政府のアリバイ作りのようにも見えた。

中国政府が武漢市を都市封鎖したとき、民主主義体制に慣れていた私は、まるで近未来SFのようなことをする、さすがに独裁政権は違うなと思ったものだったが、イタリア、スペイン、フランスと、民主主義を推進してきた諸国家がそれに倣《なら》うのを見て、むしろ一挙に時代は近代を抜け出したのだと感じた。二〇世紀後半から進んできていた脱近代（ポストモダン）が顕《あら》わになったと感じた。

政治や倫理の分野では、従来は、リバタリアン（新自由主義者）とコミュニタリアン（共同体主義者）の論争が盛んであった。しかし、このパンデミックの状況においては、その双方から、声が聞こえてこない。せいぜい、新型コロナウイルス流行が終焉した暁《あかつき》には、より一層の監視社会、管理社会になるのを心配すべきだという声くらいである。「管理社会」は彼らの共通の敵なのだ。

リバタリアンたちは、自己責任のもとに最大限の自由を要求するが、パンデミックに対して、「感染しても自己責任だ」といって街中《まちなか》を出歩いて、「それで他の人に感染させてもいいのか」と反発されるのを怖れるであろう。コミュニタリアンたちは、連帯して社会秩序を作りだすべきだとするが、せいぜい社会的距離（ソーシャルディスタンス）を十分にとった、人が集まらないことを目的とする奇妙な共同体をしか想定できないだろう（フロイトのいうハリネズミの共同体か）。

両者はともに個人と社会を対置させる近代の思考法のもとにあるからこうなってしまうのだが、パンデミック対策を主導している「生命政治」は、個人の自由や共同体の善と対立するようなものではなく、──『社会は防衛しなければならない』というフーコーの書物のタイトルにあるように──、社会という群れをコントロールしようとする政治であり、視点はもはや個人にはない。

例えば今、われわれは外出自粛を要請されている。それに従おうとしない人がいたら、白い眼で見られるという以上の道徳的制裁が科せられるだろう。

なぜか。それは無数の人々が新型コロナウイルスに感染して、ばたばたと死んでいくというイメージがメディアによって毎日のように喧伝《けんでん》されているからであり、生命政治の前提として、人がばたばたと死んでいくということは、無条件に「あってはならないこと」なのだからである。

近代では、警察などの暴力を裏づけとする法律（という言説）が人々の行動を社会に馴化させるために使用されてきたが、現代では健康への不安を裏づけとする処方箋的言説がそれをする——それが生命政治（フーコー）だ（「生政治」と訳されることもあるがそれでは「生」の概念が曖昧になってしまう）。今や何と至るところ、政府発表、ワイドショー、SNS（ソーシャルメディア）——処方箋的言説で溢《あふ》れかえっている。

「ウイルスとの戦争」などとも人はいっている（こちらは近代的な暴力的言説だ）。なるほど、それがゴジラのように「固形」の怪物であれば、自衛隊が武蔵小杉で迎え撃ってくれるだろう。しかし、新型コロナウイルスは、眼には見えない微粒子の群れとして、紡ぎ風のように至るところに突如出現して、人々を襲う（固形がんに対する白血病のようなものだ）。ゴジラからはみな遠ざかろうとするだろうが、ウイルスに対してはてんでばらばらの反応をして、その感染を拡げるような「利敵」行為をするのである。人々の群れは、だからコントロールされなければならないし、それで「人がばたばたと死んでいく」というイメージが喧伝されるわけである。

だから、パンデミック対策は「戦争」ではない。政府が何らか戦っているとすれば、その対象は不定形に蠢《うごめ》くニンゲンの群れ、絶えず推移する統計と確率である。シープドッグが羊の群れの周囲を走り回るようなものだ。

そもそも「戦う」のは人間どうしだけなのである。たとえ人を襲う猛獣に対して戦うといったとしても、猛獣たちのしていることは、戦いではなく生き延びるための彼らの本性的行動に過ぎない。人間以外のものと「戦う」というのは、比喩でしかない。

ウイルスは、その本性によって、ただ最大限にみずからを複製しようとしているに過ぎない。猛獣のように固形化していないだけであって、その微粒子の群れが、ニンゲンの喉に喰らいついてくるだけなのだ。ウイルスと共生するほかはないという人もいるが、そうではない――生態系は、平和な共存などではなく、立場に応じて喰うものと喰われるものがいて、相互に数を調整しあっているだけの世界だ。文明によって生活圏から猛獣を排除したニンゲンも、家畜や近隣のおとなしい動物たちのあいだに住まう、この目に見えない微粒子の群れを排除するのに苦労しているという次第である。

新型コロナウイルスが強力である理由は、人間たちの生活が密集し、盛んに移動し、かつ優れた医療体制を持っているからだ。ウイルスはそうした環境に適応しているようなものとして出現した。まばらで、移動の少ない人間たちのあいだでは、たとえ医療体制がなくて、罹《かか》った人があっという間に死んでしまうにしても、それでウイルスも滅びてしまうだけなのだからである。近代的病院は、とても感染し易い場所である。新型コロナウイルスの特性は、現代の人間社会の特性、とりわけその生命政治的医療体制の裏返しに過ぎないのである。

新型コロナウイルスの流行という噂が人々に届いたあと、ある人々はマスクやトイレットペーパーを過剰に購入するためにスーパーに並び、ある人々は、封鎖されそうな都市から逃れて郷里や別荘に向かい、ある人々は混雑の減った桜の樹の下で、のどかに宴会を開いていた。自分はコロナだなどと公共の場で発言して、威力業務妨害で逮捕される人もいた。

そう、いろんな人々がいて、一つひとつの情報のもとでさまざまな行動をするのだが、みなそれぞれが自分にとって重要だという判断のもとで、統計的には似たようないくつかの行動に走る。流行している国から急いで日本に帰ってきた人たちの流れが、日本各地に散っていき、感染者を作り出していく。

パンデミックの前にインフォデミック（怪しい情報がネットの中で一挙に拡散する）だ——それぞれ個人の判断によって行動しているつもりでいながら、思考のいくつかのパターンが各人に割り振られて、人々はそのいずれかを目指してそれぞれに散っていく。それがパンデミックの風景を作りだす——それが生命政治の対処しようとしている相手である。

あたかも、巨大な鮫に襲われたイワシの群れのように、遠くから眺めれば、人々の群れの様々な流れが日本列島に渦巻きを作って、各地に感染者数のポイントをマークするという次第なのだ。

現在のところ、死者が一〇〇人足らずということは、インフルエンザで毎年二〇〇〇人程度の人が亡くなっていることをふまえれば、「大流行」というわけではない。なるほどイタリアやスペインでは死者が一万を越えているが、わが国の交通事故者数は、かつては一万人近くいた。だからといって、——新型コロナウイルス対策で都市封鎖が唱えられているように——、すべての自動車の使用を禁止すべきだという意見は出てこなかった。

新型コロナウイルスは来年もまた流行するかもしれないが、免疫のある人が増え、有効なワクチンや治療薬も出現して、インフルエンザと似たような扱いになるに違いない。

今年はたまたま、誰にも免疫のなかったウイルスが出現したから猛威を振《ふる》っているわけだが、死亡率から見ても、人類が滅亡するような病気ではない。だから、罹患《りかん》するのではないかと脅《おび》えるだけでなく、世界的に何が起こっているのかについて考えてみる必要があるように思われる。これは、疫病の流行という事件であるのと同時に、（マルクス／エンゲルス『共産党宣言』のいう「幽霊」と同様の「眼に見えない怪物」による）政治的事件なのである。

災害、飢饉、戦乱、そして疫病。これらは人類が定住し、大集団で生活するようになって以来、しばしば社会を襲い、人々からいつも恐れられてきたことである。だからこそ強力な王朝もやむを得ず必要とされたのであるに違いない。政治権力は、中世までは、遷都したり、大仏を作ったりというように、直接それを克服するわけではないが、人心を一つにする「まつりごと」で対処してきた。

もし当時、新型コロナウイルスが流行したとしたら、芥川龍之介『羅生門』における描写のように、老人や子どもや障害者といった弱い人たちが次々に亡くなって、それらの遺体が路傍に捨て置かれるような事態になっていることだろう。

しかし、現代の社会体制のもとでは、それは許されない事態なのである。社会の条件として、病気は病院に行って治癒されてしかるべきだとされているからである。

「医師会は、医療崩壊が起こると警告を発しているが、しかし医療従事者たちが怖れる「医療崩壊」は、単に人々を治療することができなくなるという点においてだけではなく、まさに社会体制の前提が崩れ、「統治」が必要ないとみなされる理由になるという点で脅威なのである。すなわち、もとよりアメリカの、健康保険に加入していない貧しい人々にとってと同様に、社会の統治とは、支配体制によって搾取され、自分たちが惨《みじ》めな状況に固定されるメカニズムに過ぎないということになるからである。

二〇世紀初頭、シュバイツァーがアフリカの「未開の」奥地にわけいって診療をし始めた頃、南極を除く地球上のすべての土地に国境線が引かれ、そこに住む人々を国民として囲い込んで統治すると同時に、国家単位で通商し、あるいは交戦する世界秩序が生まれていた。鉄道や航空機の進歩によって、人々は世界中、どんなところにも進出するようになった。

その結果、従来は単なる風土病とされたような病気、あるいはその土地の人には免疫があるおとなしい細菌やウイルス、ただ周囲の動物たちが抱え込んでいた細菌やウイルスが、危険な病気となって世界中に広まることになった。

「文明」の理念からすると、科学の進歩によってそれらはすべて抑え込まれるはずであったが、実態はそうではなかった。よい薬やよい治療法が開発されることは、それによって細菌やウイルスの進化を促し、その結果、新たに出現する病気は、人々が世界中を行き来するグローバル化にも相伴《あいともな》って、一気に世界中に広まるようなものになった。(防疫体制のなかった) 中世の天然痘やペストになぞらえる向きもあるが、しかし「パンデミック」は、人類にとっての普遍的な災禍というよりは、現代の、科学によってすべての病気を追放すべきとした文明的現象なのである。

そう、だからなお一層、「社会は防衛されなければならない」のだ。飢饉や災害や戦乱に備えるのと同様に、あらゆる感染症に対して備えなければならない——それを主導的理念とする生命政治は、愛国心を醸成して国家間の戦争を遂行する政治よりも、なるほど悪くない政治であるとはいえるのであるが。

生命政治は、人々の健康を第一に考え、一人でも死なせないようにするという不可能な理念を掲げた政治である。しかし、それぞれの健康のためにこそ、人々は、国家による統治に服従する。安全も豊かさも社会の中の不平等を克服することはなく、統治を必要とする人とそうでない人を作りだし、国家は必要ないと考える人を生みだすが、ただ健康だけが、すべての人々に共通の条件を提供するように見えるからである。パンデミックが具体化した現在の殺伐《さつばつ》とした光景を見ながら、誰しもが国家は必要だと捉えるのである。

それにしても、新型コロナウイルスで亡くなるのは、概して病気持ちの（その治療がしっかり行われていなかった）貧しい老人であり、その人たちを死なせないために経済が後回しにされて打撃を受けるのは（フリーランスなどの）貧しい若者であるという声が聞こえてくる。

スペイン風邪では、生命政治（防疫体制）が整っていなかった時代、四〇万人近くが亡くなったという。今、新型コロナウイルスも、放置して蔓延するに任せておけば四〇万人が亡くなるのかもしれない。それを一万人程度に抑えるために、経済状況を犠牲にして緊急事態宣言が出されたのである。

とはいえ、われわれが見ているのはひたすら数字であり、感染者数増減のグラフでしかない。

それとディスプレイに映し出された都知事の巨大な顔と、新型コロナウイルスの顕微鏡写真だけだ。PCR検査を多くすればするほど患者は増え、病院に収容され、医療崩壊が起こる。死者数も、直接にウイルスが原因のものとそうでないものの区切り方で変わる。大変なことが起こっているのかそうでないのかは、政府やメディアの騒ぎ方、グラフ次第で簡単に変わってしまうのだが、それによって人々の生活は一変する。あたかも次々と大量の死者が出て、罹《かか》った人がみな死へと向かうかのようなイメージのもとで、ひとびとは生活を変えさせられる。

しかも、そもそも社会が「一丸となって」その差し引き三九万人の命を救おうとしているのか？——そうではない。むしろ、今後経済的に困窮する何十万、否何百万の人々の犠牲のもとに、その人たちの命を救うのだ（その中の何百人、何千人が自殺を選んでしまうのか）。社会の大多数の人々は、せいぜい出かけられなくて退屈する日々を今後数年間費《つい》やすことになっただけなのだ。

とはいえ、それもまた、大したことでないわけではない。生命政治は、生を抑圧する政治である。人生とは「死なないこと」ではなく「生きること」なのであるが、誰も反対することのできない「人を死なないようにすること」——こうした人間の生命の最大限の維持のために、それぞれの「生」、一人ひとりが生きていくその動機を危険なものとして抑圧するのである。

生は、群れの個体がそれぞれに活動することである。群れの全体（社会）はその結果に過ぎない。その個体の中には群れを結晶化させようと活動する特定の個体が常にいるにしても、われわれは熱力学の分子のように、ばらばらに活動して生なのである。

私がいいたいのは、行動の自由のために、自粛勧告を無視していいということではない。同様に、他人にウイルスをうつさないために行動を自粛すべきだということでもない。真に思考して自分が正しいと判断する行動をすべきだということですらない。

同様に私は、生命政治（バイオポリティックス）が行使されずに、二〇万年の人類の歴史において人口調節の役割を果たしてきたように、自然に多数の弱者が死んでいくのがいいといいたいわけではない。

ウイルスに感染するのも拙《まず》いことだし、体力のない人々がそれで亡くなるのも悲しいことである。だが、――もしAIがもっと発達していたら私の行動パターンから直《ただ》ちに教えてくれるであろうが――、私がすでに感染していて、外出すれば他の人にうつすことになる確率はどの位なのだろうか。重症化して死亡するのは数パーセントだそうだが、外出して感染して死亡する確率は、交通事故で死亡する確率よりも高いのだろうか。そんなことを考えてしまう。

とはいえ、そう考えて、もしあえて外出するとしたら、そう考える人ばかりになるとまさにそれが感染爆発を生むのだといわれて非難されよう。

しかしながら、カントではない。自分が正しいと考えることがすべての人が正しいと考えることでなければならないわけではない。すべての人が正しいと考えなければならないわけではない。私のような思考をする人もいてよくて、その確率もそれほど大きくはないのではあるまいか。

国民全員が経済も教育もあきらめて家に閉じこもっていれば、感染爆発は起こらない。それは因果論的には正しい。しかし、そのために国民一丸となることが美徳とされ、それに反する人が道徳的に非難されることを私は憂う。社会全体における一つの意味のもとで一人ひとりが行動を決めるべきだとされることを私は憂う。

不条理のない生はない。私は、それが忘れられることを憂う。

とはいえ、もし私がふらふらと外出して新型コロナウイルスに感染し、重症化して死ぬことになったなら、私のこの一年のがんの苦しい治療は何だったんだろうと思うだろう。

これから緊急事態宣言の一カ月のあいだに、がんが発見される人もいるだろうが、――二人に一人はがんになる時代である――、その人にとっては、それは新型コロナウイルスに感染するよりも高い確率で起こることなのではないか。そうではないとすれば、それは新型コロナウイルス感染によって病床が足りなくなり、検査がなされないという理由によってであろう。

インフルエンザ、交通事故、がん、そしてこの新型コロナウイルス。死が突然、人生の風景の中にその顔を出す。人は、それを防ぐためには「どうしたらよいか」ということを最優先課題として思考する――生命政治の「処方箋」的思考だ！

緊急事態宣言が出され、さて、これからどうなるのであろうか。本書が出版される頃にはその帰趨《きすう》も明らかになっていることであろう。うまく抑え込めたのか、それとも東京が現在（四月七日）のニューヨークのようになってしまい、一万を越す死者が出てしまったのか。今はただ、こういいたい。思考は孤立した人のもとに訪れる。死なないために外出自粛して、死について思考する時間を持つことにしようではないか。

なるほど死は祓《はら》うべき事象、追い払うべき思考であるが、人生を構成する否応ない事実である。人はいずれ死ぬ。そのことばかりを考えれば神経症になってしまうかもしれないにしても、それをふまえて人生について思考せざるを得なくなるときがあるとすれば、今これについて思考することは、決して悪いことではないように思う。

プロローグ

†二種類の死

死とは何か。しかし、死そのものについて考えてみる前に、死には二通りあることを思い起こしましょう。すなわち、「寿命の死」と「不慮の死」とです。

不慮の死とは、感染症や交通事故や心臓発作などによって、唐突に突如として訪れる死のことです。あっという間に屍体となって、家族のもとに、否むしろ葬儀社へと送り届けられます。

今日でもそのような死は多いのですが、いつの間にかそれが例外的なものとみなされるようになってきています。大多数の人は、自分が寿命の死を迎えるものだとみなしています――人生一〇〇年時代です。

では、その人生のあいだ、人はどのように過ごしていくのでしょうか。

優しい母親と友人のような父親のもとに産まれてきて、――保育園や幼稚園へと送り出されるときには少し寂しいものの——、ときには祖父母を訪ねて思い切り甘やかされる至福の幼年時代。やがては小学校、中学校、高校へと進学し、受験勉強や学校でのいじめなど、ちょっと嫌なことにも巡りあいますが、友だちもでき、SNSを使いこなし、スマホで無料のゲームをして時間を費やします。

しかしその後、大学に進学するかどうか、どの大学を受験するかが、人生の別れ道になるとされています。それがうまくいけば、その後就職し、公務員やホワイト企業の社員になって、周囲と同程度に仕事してほどほどに給料を貰い、そうやって四十年、途中で病気になることがあるかもしれませんが、行き届いた医療制度と健康保険によって恢復《かいふく》し、定年退職の日を迎えます。さて、それから人は考え込みます。老後をどうやって過ごすのか。

いくら貯めておくべきかと、まず人は問います。しかし、——これはもっと重要な問いなのですが——、それは一体どんな人生なのでしょうか？

実際には、人によっては、父母が離婚して片親だけの貧しい生活を強いられたり、教育虐待（過剰な勉強漬け）されたりネグレクトされたりするかもしれません。過度ないじめや理解のない教師のもとで自殺に追い込まれそうになったり、受験に失敗して一生のコンプレックスに悩むようになったりするかもしれません。就職できず、あるいは就職できても職場での人間関係に疲れて引き籠《こも》り、結婚せず、親の年金で暮らすことになるのかもしれません。家族離散して、アパートの一室で孤独死することになるのかもしれません。

これらは、ちょっとした失敗例というわけではありません。一定数の人に起こることです。そのような人は、幼少期から、そうしたことにならないような自覚を持って生きることを学ぶべきだったのでしょうか。眼の行き届いた社会制度によって、早い時点で救済されるべきだったのでしょうか。

経済的格差ばかりではなく、精神的な意味でも、豊かな人生を送る人と貧しい人生を送る人との格差があるのです。そう、社会には二種類の人がいます――「成功した人生の人」と「失敗した人生の人」。

それで巷《ちまた》には、成功するための情報（処方箋的言説）が溢《あふ》れているわけなのです。金持ちになる本、出世する本、人間関係をよくする本、上手に営業する本、結婚する本、健康になる本、遺産相続する本……。役に立ちそうな本が、いっぱいあります。社会情勢について、「これからどうなるか、それにどう対処したらよいか」という本もあります（多くの人が発想しそうな凡庸なことをカタカナ語を使って説明するタイプのものが多いですが）。

しかし、成功している人はそんな本は読まないし、そこに書いてあることで成功しているのはその本の著者たちだけだ、とりわけ印税を稼《かせ》ぐことに成功している、ということに人々は気がつかないようです。

それからSNSも。豊かな食事や快適な住まいや珍しい風景をアップする人々。自分が豊かな生活をしているとアピールする必要のある人々。せめて自分が社会の片隅で目立たずに生きていることを忘れないで欲しいとアピールする必要のある人々。そうした行動の動機となるのは、「成功した人生」というシナリオへの不可疑の心酔であるに違いありません。

一体誰がそんなシナリオを書き、一体誰がそのシナリオを普及させたのでしょうか。資本家たちでしょうか？　政治家たちでしょうか？　マスメディアなのでしょうか？

三十代の死因は主《おも》に自殺であるといいます。成功した人生を得られないことがはっきりするのが三十代だからでしょうか。経済的自立、良好な人間関係、社会的地位や名声、これらを断念するほかはない人生の袋小路に入ってしまったと自覚するのが三十代なのだからでしょうか。自殺する動機はいろいろあるのでしょうけれども、しかし問いたくなるのは、「成功した人生」を得られない人が大多数なのに、その人はなぜ自殺するのか、なぜ違う生き方を選ばないのかということです。

むしろ、われわれの眼の前に、二重の虚妄があるのです。第一に、「成功した人生」を送っている人は、決して社会の「標準」ではなく、おそらくは少数しかいないということ。それなのに第二に、一人ひとりの人生が、そのシナリオからの大なり小なりの失敗ないし欠如、マイナスとしてしか測られないということです。

そこから虚しさの二つの生、子どもの生と老人の生が、社会の霞網《かすみあみ》のようなもので捕獲されてしまいます。すなわち、子どもは成功するための障害になりそうなことからすべて遠ざけられようとします。老人は人生の成功を台無しにしそうなことからすべて遠ざけられようとします。

二つのA、アスペルガーとアルツハイマー、それらは象徴的な病です。学習しない子ども、社交性のない子どもは「発達障害」と名づけられて隔離されます。記憶しない老人、孤立する老人は、――失敗した人生のとどめを刺されるようにして――、「認知症」と名づけられて隔離されます。

それにしても、です。産まれ、成長し、学び、仕事を得、退職し、死ぬ――こうしたシナリオなど、どうでもいいのではないでしょうか。そのモデルとなる「成功した人生」など、絵に描いた餅に過ぎないのではないでしょうか。成功しているように見える人ですら、無数のストレスや葛藤の中で生きているのではないでしょうか。

社会的にも経済的にもうまくいかず、日々の生活に追われ、雑事にまみれ、人間関係に疲れ、ゴミだらけになった環境の中でのたうち回って生きるのも人生です。ほんの一〇〇年前まで、人類はみな、そのように生きていたのではないでしょうか。

疫病、戦乱、飢饉、災害……、人類はその中でバタバタと死んでいってしまっていました。

死のもう一つの種類、「不慮の死」こそが、死の本来の意味だったのです。

死は平等に、誰にでも訪れます。どの人生も、それによって無に帰します。たとえ蓄《たくわ》えた数千万円の資金で豊かな老後生活を送ったのち、平均寿命以上の年齢で、手厚い看護を受けながら死んでいくにしても、そのような人々は、「成功した人生を送った」と満足しながら死んでいくものなのでしょうか。「成功した人生」というシナリオのもとで生きてきたことに、死の瞬間、どんな意味が見出だされるのでしょうか。

そうしたシナリオを遂行することが「よい人生」であると、一体誰がいうでしょう。思うに、それがよいものだったことを保証する根拠は、実のところこの世にはないし、死後や来世にも見つからないでしょうに……。

「成功した人生」に価値を認めるのは、みな生きている人たちです。死につつある人にとっては、それにどんな価値があるのかは疑問です。

逆に、です。人生にもがきながら生きている人たちを突然襲う「不慮の死」。もしそこになにがしかの残念さが生じるとしたら、それは人生に成功し損なったことへの残念さなのでしょうか、平均寿命に到達しなかったことへの残念さなのでしょうか。

そうではないでしょう。学歴や就職先や資産が死後の何になるでしょう。志したのは、富や名声を得るのに成功した人生ではないでしょうし（そうとしたら死の瞬間に消滅してしまう）、それに対抗するための、死に釣合うような「よい人生」のようなものでもないでしょう。死は、死につつある人の生に出現する観念に過ぎないのだから、つまり生の一部に過ぎないのだから、どうやっても生の全体には釣合い得ないのです。だから、もし死につつあるときに残念さがあったとしたら、それは何かを実現しようとする志があって、それができなくなってしまったということなのではないでしょうか。

「よい人生」のような完結したものを目指してではなく、人生の中で何かを実現しようとする、その途上で、それ以外の要因によって、あるいはまさにそのことのために人は死んでしまいます——死は唐突に、そうした人々の生を惜しみなく屠《ほふ》り去るもののことなのです。

死とは、マラソンランナーにとってのゴールのようなものではないのです。生は、最後に死が到来する一つのプロセスではないのです。

人生とはワジ（砂漠の中の河）のようなものではないかと思います。どこからともなく始まり、やがていつか地面にその水のすべてが吸い込まれて、忽然《こつぜん》として消えてしまう……。平均寿命を生きてから到来する死であっても、どんなに年寄りになっていたとしても、人はその直前まで、到来しつつあるものが死であるということを受け容れることができないのではないかと思うのです。

それなのに最近は、「終活（人生会議）をせよ」と、若くて元気な人々が、老人たちに迫るようになっています。平均寿命に到達した後だからといって、――宗教でも持っていない限り――、人は死を当然のものとみなすことはできないのではないでしょうか。「寿命の死」など存在しません。それは統計値に過ぎません。統計を取られる人口における死の数値に対して、われわれの生は、それに還元されない固有のものです。だから、平均寿命の年齢以上においてすら、――「ぽっくり」という別の穏やかな表現もあるのですが――、やはり死は、「不慮の死」なのです。人生とは、その本質において中断であり、あるいは不発なのではないでしょうか。

†死の衝動

随分と以前から、人の死が自宅において、家族の面前で訪れるのではなく、病院で、その瞬間が目撃されないようにして起こるようになったということが指摘されてきました。無数のチューブ、多量の点滴、酸素吸入と下顎呼吸、そして心臓への電気ショック――それにしても、なぜ死が隠蔽《いんぺい》されようとするのでしょうか。

そのわけは、死を唐突に到来するものであるとみなす精神が、社会にとって危険な精神なのだからではないでしょうか。守旧の政治体制、慣例に従った組織、伝統的な共同体のあり方を批判し、そこに新たな秩序を与えようとするのは、唐突な死を覚悟するような精神だからなのではないでしょうか。

自爆テロのようなものを指しているのではありません。自爆テロの背景には宗教があり、――第二次大戦時における日本の「空気」のような――、社会的抑圧があります。それに対し、死を身近に想い、いつでも自分が死に得ることに怯《おび》えること――しかしそこからは、生そのものへの根源的な懐疑が立ち上がってきます。

セザンヌは、あと四日しか生きられないと考えながら生きていたといいます。死んでいくさなかには、まさにその生が失われつつあるのだから、現行の秩序が不可疑の前提ではなくなることでしょう。それが無意味に思えてくることでしょう。死を自覚することは、実は、生を疑うことなのです。生がなぜこのようであって、別のようではないのかと疑うことなのです。

われわれは、日常、生まれる前からあって死んだ後も淡々と過ぎ行くであろうような時間を想定して暮らしていますが、それに対し、生きているものの時間は、生きる限りですべてです。死が迫ってくるときには、産まれる前も死んだ後もありません。時間が生きている限りですべてであるとすれば、死が近づくにつれ、生の時間は、――まだ死んではいないのだから――、死を先延ばしするようにぐんぐんと伸びていって無限へと達してしまうことでしょう――その無限の収束する生の一瞬の世界。

そう、「夢は枯野を駆け廻《めぐ》る」(芭蕉)――死に近づけば近づくほど、平凡なこの惑星の、時間と空間を絶対的なものに見させる秩序の無根拠性が暴露されてくるのです。人々が信奉するどんな秩序も――自然であれ文化であれ、宗教であれ、国家であれ、思想であれ、根拠なき思い込みに過ぎないことが見えてくるのです。

このように、死を唐突なものと自覚する人は、人々が当然としているものを、――長い人生の時間をかけて学んできたものでありながらも――、ひっくり返してしまうような人であるに違いありません。

哲学者ないし破壊的イノベーターと呼ばれる人たち。彼らは、「人生の成功」を目指すどころか、死を唐突なものと自覚する人のようにして、現行秩序の絶対性を疑ってかかっています。自然も文化も、常識とはまったく違うように捉え直すことができて、そうすることで、新たな理論や新たな生活を提案しようとするのです。

なるほど、それはまた、狂人や犯罪者にも起こることです。彼らは行き当たりばったりの生活をしているようにも見えますが、そのように見えるのも、簡単にいえば、――ソクラテスもそれで死刑にされたのですが――、彼らが既成の秩序を尊重していないから、否、むしろ尊重する意味がない状況に置かれているからなのです。

健康的な生活のもとで人生の成功を目指すことを推奨する政治は、犯罪者たちを排除しようとして、イノベーターたちまでも排除してしまいます――否、イノベーターたちの方が犯罪者たちよりももっと危険だから、そちらをこそあえて排除しようとするのかもしれません。

しばしば人は、みずからが失敗し、死んでしまうかもしれないようなことにチャレンジすることによって、みずからの生を生き抜き、その結果として社会を動揺させることになるのですが、今日、そのようにして人々のあいだで突出し、現行の秩序から逃走しようとする個人は、排除され、刑務所の中ででなければ、医療制度のもとで監禁されるようになりました。

アインシュタインのような人であっても、現代なら、子ども時代からすでに精神科医のもとで発達障害と診断されて、――キューブリック監督『時計じかけのオレンジ』の主人公がされたように――、道徳的なだけで凡庸なおとなになるようにと「矯正」されてしまったことでしょう。とすれば、相対性原理は、今もまだ存在しないのです。

西欧近代文明において、社会秩序を改革してよりよいものにするためには、――J・S・ミルが主張したように――、自由で平等な構成員がそれぞれに思考したものが討議の場にもたらされるべきだと考えられてきました。なるほど一九世紀以来、企業家たちと政治家たちと科学者たちの自由な思考の貢献によって、――平和については疑問ですが――、安全で豊かな社会が形成されてきました。

しかし、いつからかドリーム――資本家（資産家）になること、政治家（オピニオンリーダー）になること、科学者（知識人）になること、そうやって社会を動かそうという志《こころざし》を抱く人が少なくなったような気がします。二〇世紀中頃からです。

おそらくは、どんな政治においても、秩序を維持するための愚民化政策は必至なのでしょう。今日、見事な愚民化政策が、国民全体を、また政治リーダーまでをも愚民化しました。誰もが、——外敵と戦うことへと眼を逸《そ》らさせる政策に較べるとまだましですが——、自身の健康についてばかり配慮するように仕向ける生命政治が出現しました。

それは成熟した民主主義国家の行き着く先の政治です。「成功した人生」のシナリオも、諸個人がいわば「人生教」の信者となって、死の衝動（死んでも構わないとする衝動）を抹消するようにと、生命政治によって与えられたプロパガンダなのです。

二〇世紀前半においては、人々は外国と戦って国家に殉ずるようにと教育されていましたが、それが転じて二〇世紀後半、いつしか自分の健康に殉ずること（死なないことに殉ずること？）が常識とされるようになりました。今日、国家を取るか健康を取るかという二者択一に対しては、後者を選ぶ人が圧倒的に多いことでしょう。大衆をそのように仕向ける政策の原理を、フーコーが「生命政治」と呼んだのでした（『社会は防衛しなければならない』）。

健康に殉ずる？——そもそも、生きることの目的が健康であることなど、本末転倒でしょう。生きるためには健康が必要ですが、健康であってもいずれ死にます。健康のために生きることは、ちょうど、よい暮らしをするために貯金し始めた人が、やがて銀行残高のゼロの桁数が多くなること自体に喜びを感じるようになって、よい暮らしを犠牲にして貯金をするといったような種類のことです。

「生きる」とは、肉体的にも精神的にも健康な、現行秩序の従順な構成員として生活するということではありません。「成功した人生」から減点法で評価されるようなものではありません。生きるとは、「死の衝動」と呼ばれるような動機のもとで、——ギャンブルも覚醒剤も犯罪もその拙《まず》い表現ではあるでしょうが——、現行秩序をかき乱すようなところにあります。

そもそも、安全で豊かな社会が実現した後、どうやったら自由で平等なその構成員が、それぞれにみずから思考する必要があるでしょうか。自由で平等にこそ、既成の秩序に由来する果実をただ分捕りあい、最大限に楽をしようとして、既成の秩序をなし崩しにしてしまうものなのではないでしょうか。

「思考する」ということが、今や、ネットの発言や自己啓発本の教える方針に従うことと取り違えられるようになっています。「思考する」ということが、単にクイズに答えることやパズルを解くことに取り違えられるようになっています。

文部科学省を始めとして、思考することを「課題解決」、つまり与えられた業務をいかにうまく成し遂げるかを検討することだと理解している人が多いのですが、そのような作業はまもなくAIに取って代わられることでしょう。思考するとは、発見であり発明であり、まだ誰も課題にしたことのないことを主題にして、常識として誰も疑っていないものを破壊することから何かをを創《つく》り出すことなのです。

それは、創造性や独創性と呼ばれる「能力」のある人がする特別なことでは、決してありません。人の能力とはテストによって「個人」に帰されるに過ぎない指標ですが、創造性や独創性は、集団や組織の中で適切な役割を振り分けられて、一定の努力がなされた後に初めて分かるような個人の寄与分のことにほかならないのです。そしてとりわけ、思考する能力は、そのような群れから抑圧され、排除されそうになるときに初めて出現する活動の一種なのです。だから、そもそも群れの中で安泰である人が、どうして思考する必要があるでしょう。

「考える力」のある国民を育てようとする教育政策はあります。ですが、それはダブルバインドにならざるを得ません――「思考せよ、しかし真には思考するな」。真に考える力を持った子どもが出現したら、凡庸な教師からハラスメントを受けるのは必至です。

誰も思考しなければ社会は衰退して荒廃しますが、誰もが思考するとすれば、必ずや政治や組織を批判し、現行秩序をひっくり返そうとして、社会は荒廃することでしょう。思考とは、そのようなものなのです。知的障害者を「安楽死」させようとした犯罪者の思考がどんなに底の浅いものだったにせよ、確かに彼は思考したのですし、それを非難する人たちがただ「人権」という理念に盲目的に頼るほかはないならば、残念ながら、その人たちは「思考」はしてはいないのです。

そもそも教育とは、子どもを現行秩序を支える従順な構成員として育てようとすることです。思考して社会を変革しようとする自発性を子どもに育《はぐく》むことは、教育には不可能です。真に思考する子どもは現行秩序を否定します。犯罪であれ破壊的イノベーションであれ、――極端に愚かであるか才能豊かであるかの違いはあると思いますが――、思考は教育を含め、秩序によって圧殺されようとするのに抵抗するところに生まれるのだからです。

自分がいつ死ぬか分からないという怖れは、――とりわけ医療制度が万能であるかのように思い込まされている現代では――、人々のあいだから追い出されることへの不安の反映にほかなりません。死ぬことへの恐怖は、――ハイデガーのいう「孤立した現存性」(『存在と時間』)の「存在論的不安」(レイン『引き裂かれた自己』)というように誤って意識されたりするのですが――、思うに、人々のあいだから追い出されることの恐怖とおなじものなのです。しかし、それが逆に、現行秩序の根拠に対する根本的な懐疑をもたらして、人々が真に思考するきっかけとなるのです。

自分はいつ死ぬか分かりません。そのことに正面から向き合うことを通じて、人生について考えてみてはどうでしょうか。それが本書のテーマです。

哲学的断章1 人生論考

死はいつでも、誰にでも訪れる。それは、ものごころついてすぐに学ばされることである。

爾来、人は自分が死に至ることをふまえつつ、死を遠ざけながら生きていく。九十歳過ぎても普通に活動し、仕事すらしている元気な人もいるが、しかし、五十歳を過ぎた頃から、われわれは戦場のような場所に投げ出される。次の銃弾が誰に当たるのか、一人また一人と倒れていく。死に至る病に、種は尽きない。死を前にして人は考える――「生きる」とは、どのようなことなのか、と。

思えば三島由紀夫『金閣寺』冒頭で描写されたような、産道の暗闇を通って光の中に産み落とされた身体――すべてはそこから始まったのであった。諸身体のあいだの身体。母の身体、父の身体。街をゆく無数の身体の群れ。そのあいだに私の身体もある。

あるときは私の身体は三六〇度見渡せる魚眼を持つ生物たちのように透明な点となり、無数の身体を、意識することもなく右によけ、左によけして、思うがままに進んでいく。メルロ=ポンティのいう「現象的身体」(『知覚の現象学』)――私は身体そのものである。

メルロ=ポンティは、意識が捉える他人の身体、自然科学的対象としての身体、医師から見た臨床的身体に対し、――その意識が自分の行動をちぐはぐにしてしまうのであって――、意識が忘れ、そこから意識も生まれてくる身体をそう呼んだのだった。

だからこそ逆に、しかしまた身体は、あるときは病み、あるいは傷つき、否応なく身体が意識されるようになってしまって、私は、思うままにならない身体をズダ袋のように引きずりながら進む。さまざまな物体や他人の身体にぶつかって、擦れあい、それらを巻き込み、共倒れにまで導くことすらある。

それにしても、そのような身体を引きずってわれわれはどこへと行こうとしているのか。何を目指しているのか。莫大な富と強大な権力か？――しかし、無からそのすべてを得たといわれる秀吉も、「なにわのことも夢のまた夢」という辞世の句を残して死んでいった。すべては夢のようでもあり、生きている以上、その生をただ繋げるほかはない、そこに生じる喜怒哀楽を、その都度享受しているほかはない……ということか。

芭蕉は、「月日は百代の過客にして行き交う人もまた旅人なり」と書いている（『奥の細道』）。

おなじ土地に留まって、百年一日のような暮らしをしていたとしても、人生とはやはり旅だというのである。そして「夢は枯野を駆け廻る」。パスカルが説き明かすように、旅とは、みずからがいずこかへと進んでいきながら、すべての経験が一回限りの出来事として記憶の中に沈み込んでいく、夢のようなものなのであろうか（『パンセ』）。死とは、旅先で客死した芭蕉のように、もはや帰ることのできない遠くにまで出かけていく旅を始めるようなものなのであろうか。

とすれば、われわれが生きているのは、母の胎内から生まれてきたからではない。一個の生物としてではない。ものごころついてあるとき、自分が生きていることを知り、その起源を尋ねて母の胎内をその始発とするのだが、その起源をどう受け取るかということをも含めて、そのとき初めて人生の旅のすべてが出発した。

いいかえると、生きてきたとは、産声を上げて以来の呼吸の回数のことではない。心臓の拍動の回数のことではない。膨大な記憶を持つに至ったということである。折にふれてひょっこりと顔を出し、「あゝそういうこともあったな」と、確かな実感を伴って回想される記憶。そんな回想の種がどれほどあるのか、その膨大さは自分にも分からないほどであるが、しかし死んだらそのすべてが失われる。

それゆえに、それらを「歴史」として、時系列に従って言葉で記録し保存しようとする人たちも出てくるのだが、しかし、「秀吉」のような歴史上の名が残されたにしても、それは所詮後世の人たちが恣意的に意味を割り振る記号に過ぎない。歴史はやがて散逸して失われ、あるいはのちの歴史によって書き直されてしまうであろうというばかりでなく、それ自体が一つの作業として、幻想を生産しているだけなのではないか。

歴史とは、「夢の島（東京都のゴミ堆積島）」なのである。断片化した記憶と理論の廃棄物の山。人はその中を渉猟して、新たな夢を見るばかり……。

ヘーゲルは、人々が次の世代に受け渡していく知識の永遠性について語ったが（『精神現象学』）、それは人々がさらなる世代へと繋げていって、支え続けている限りでの永遠性に過ぎない。なるほど、身体は絶えず再生してその姿を保ち、束の間の生存ばかりでなく、新たな身体を産出する。その身体が知識を身につけることによって精神となり、それによって知識も世代を超えて維持される。そこに知識の仮初の永遠性もあるわけだが、それにしても、しかし知識の多くがなお、人の死とともに消える。

現代の、身体もそこから生起するような物質の宇宙の誕生の物語も、それも精神の中で生起し、その中で公式化された諸理論が人々の生において有効な限りにおいて、あたかも諸身体相互のあいだにある現実なるものを描写しているかのように解されるのであるが、魂が永遠ではない限り、それを真理と呼ぶことはできないだろう。何らかのカタストロフ（破滅的災害）によって、やがては文明は崩壊し、われわれの知識はもはや思い出されることもなくなってしまうだろう。知識は、永遠なるものとして「存在」のもとにあるのではなく、歴史の中に生成消滅するのである。

人生を一篇の物語にするのも生であるが、その人生においていかに多くの知識を得ようとも、ソクラテスのいうように死が何であるかが分からない以上（『ソクラテスの弁明』）、人はそれらの知識によって自分の人生を意味づけることはできない。

むしろ私が本当に知っているといえるのは、マルセルのいった意味で、私が身体を持っているということだけだ（『存在と所有』）。それによって私が生きているのだからである。とはいえ、どんなにみずみずしい姿をもち、どんなに生き生きと動き回っていようと、身体はみな滅び、腐敗し、溶解し、砕け散る。樹齢数百年の大樹とて、おなじである。

私を眠らせて夢を見させ、そしてまた現実へと覚醒させてくるこの身体――しかしその死によって、私が人生で得た知識はすべて消え、夢の中へと還っていく。

線香花火――光の中に産まれ、激しく燃え、ちりぢりに光り、あるいは思いついたように松葉のごとき火花を散らし、やがては赤く光る妖しい小さな玉となって転がり落ちる線香花火のように、われわれの人生もまたあるように思われる。死は、その後に訪れる深い静謐の闇のようなものなのであろうか。

状況とともに改竄されていく「客観的な歴史」、有限性によってしか支えられない「永遠の知識」、それらに依拠することなく、われわれは人生について何かを語ることができようか。ともあれ、それを試してみることにしよう。

（二〇一九年四月）

第1章　がんとの遭遇

どんなことだって青天の霹靂《へきれき》だ。予期しなかったことが起こる。予期しなかったことが起こることをもって出来事という。生きるとは、出来事が起こるということである。予期しなかった私が悪いのか、予期不可能なことが起こるのか。生きるということは、そのいずれでもないように思われる。

†ある日のこと

二〇一九年という年は、私にとって特別な年になりました。子どもたちが揃《そろ》って自立して、まもなく家から出ることになり、私たち夫婦は、数年後に控えた定年後の新たな生活のステージに向けて、あれこれと計画をたてていました。妻の仕事も安定してきて、ある程度の貯えもあり、気儘《きまま》な隠遁生活へと入っていく段階にあると感じていました。

私たちは、かつてロンドンに一年足らず住んでいたことがあって、そのときヨーロッパの国々を訪ねたのですが、ベルリンで飲んだピルスナー（ビール）やミラノで食べたピッツァ（ピザ）、パリやマドリッドの街並み、さまざまな建物や美術館や空港の風景を思い出し、またどこかに旅をしようなどと、夫婦で語りあっていたものでした。

しかしその矢先、一月末、私にはちょっとした身体の不調がありました。やむなく近所のクリニックに行ってみたのですが、そこで直《ただ》ちに大学病院で精密検査を受けるようにと告げられました。そして、その大学病院では、大腸がんのステージ3b（組織下層まで浸潤がありリンパ節に転移がある段階）であると診断されたのでした。

状況は暗転しました。あまりうれしくないことが、うれしいことと同時にやってきたのでした。

身体の不調は何であったかというと、何ということはありません、便秘です。これまでもなったことはありましたが、整腸剤を飲み、生活に注意することで簡単に治ってきました。そのノウハウには自信がありました。

ですが、この便秘は一カ月続きました。下剤を買うか、それとも病院に行ってみるかと迷った末、「下手な自己流よりも専門家の意見を」と思って近所のクリニックに行ってみたわけでした。

クリニックでは相談するだけのつもりでした。あまり他人《ひと》に見せたい部位ではありません。ですが、その医師は検査するといって聞きませんでした。「どうしても、ということでしたらやってもいいですが」と、患者としてはかなり強気に聞いたつもりでした（何でも病気にしようと検査して料金を増やすのが病院の常だと思っていたからです）。ところが「そのどうしてもですね」といわれ、やむなく内視鏡検査を受けることになり、その結果、六〜七センチの巨大なポリープがあるということで、大学病院に行かされることになったわけです——今ではその医師の強引さに感謝しています。その医師は、「ただのポリープでしょうけれども、いずれにせよそんなに大きいのだから取る必要がありますからね」といっていました。

それは生検（組織を少し採って顕微鏡でがん細胞かどうかを調べること）の結果が出るまでに一週間以上かかり、まだ確定診断ではないがんの可能性に対して私がショックで落ち込まないようにする気休めであったと思いますが、同時に、患者が、がんかもしれないという不安から現実に眼を瞑《つむ》って病院に行くのをやめてしまわないようにするレトリックでもあったと思います（そんな愚行をする権利と可能性は誰にでもありますからね）。

長年多数の患者を診てきた医師は多分にがんを予想していたでしょうが、私はその言葉で、「熟練した医師なら見ただけでがんかそうでないかが分かる（だからただのポリープだ）」というネット情報をもとに、確かに気楽に大学病院に行く気になったのではありました。

†病院に行くということ

前近代の大腸がん患者たち――腸閉塞になって便を出すことができなくなり、激しい腹痛に苦しみながら死んでいった人たち。やみくもに腹に穴をあけ、便を取り出すことに成功しても、その傷で死んでしまった人もいるといいます（ケイン／ピーダー『世にも危険な医療の世界史』）。もし私に近代医療に対するもっと強い不信感があったなら、私もおなじ運命を辿ったことでしょう。

そう、確かに私には、――研究に多少は関わるということもあって――、近代医療を信用していないところがありました。ほとんど病院には行かない主義です。

例えば風邪をひいたとしましょう。風邪は鼻水が出て喉が痛み、発熱し、胸が痛み、痰が出て、やがて元気になるといった一連のプロセスです。葛根湯でも飲んで休んでいれば、一週間から二週間で治ります。一度試したことがあるのですが、病院に行って薬をもらって服用したとしても、せいぜいそのプロセスが一日か二日早まるだけでした。

頭痛薬のように一時間足らずで治る風邪薬があるのなら、体の辛《つら》さをこらえて病院に行って薬を処方してもらうのもいいでしょう。ですが病院は、風邪の時期には待合室に人が溢《あふ》れ、待たされ、体が辛いばかりではない、病状が悪化するか、さらにそこで違う風邪や他の病気をもらってしまう可能性があるというとんでもない場所なのです。

人々はウイルス性の風邪に、それには効かない抗生物質を処方してもらって、抗生物質に耐性を持った菌が生まれてくるのに協力しながら、病院に行かなかった人とおなじように辛い風邪のプロセスに耐えます。彼らは前近代と同様に魔法の薬、たちどころに病気が治る万病の薬が欲しくて病院に出かけていっているに違いありません。

とはいえ、前近代においては、医師に罹《かか》ることのできるのは少数の特権階級の人だけでした。大多数の人は先祖代々伝わってきた薬や療法に従って、体がひとりでに恢復するのを待っていたのでした。今日でも、少なくとも風邪はそちらの方が正しい処置のように見えます。肺炎になるなど、重篤化したときにだけ病院に行けばいいのではないでしょうか――しかし患者にそう告げて薬を処方しない医師は、かえって評判を落とすのだそうです。

われわれのいわゆる「病気」、風邪や腹痛は、病院に行かず、長年自分の経験で磨いてきた対処法で時間が経つのを待つのがよいのではないかと思います。近代科学の出発点となったデカルトもそう述べています（肺炎で五十代で亡くなってしまいましたが）。

†タイミング

その意味で、私のがんに関しては、ステージ3bであったとしても、タイミングは悪くはなかったと思います。

健康な生活を送っているにもかかわらず、人間ドックなどでしばしば時間をとって苦しい検査を受けている人も多いようですが、私もそうしていたとすれば、がんはもっとステージの低い段階で見つかって、内視鏡手術（肛門から挿入したファイバースコープの先に道具を取り付けてポリープを切り取る手術）で、体を開くことなく手術してもらい、「やれやれ」といった程度で終わったことでしょう。

逆にクリニックにも行かず、便秘を市販薬で何とかやりくりしたりして、それ以上に放置しておいたとしたら、私のがんのステージは4となり、つまり他のいくつかの器官に転移した状態で発見されることになり、あと一年もつかどうかというような話にもなりかねませんでした。病院に行かない主義である割には、まずまずでした。

もちろん、もっと早く病院に行こうと思いたつ可能性もありました。ですが、がんはやっかいな病気です。自覚症状がありません。いくつかの兆候があったことは、がんが発見された後では思い出されるのですが、そのどの兆候も、例えば痔が悪化したなど、すべて身体の他の不調によって上手に説明できてしまう、そんな兆候でしかないのです。

ネットでは、大腸がんの場合は「便秘と下痢を繰り返す」とか、「激しい出血がある」とか、「体重が減る」とか書いてあります。ですが、それは一部の人にしかあてはまらない。そのような顕著な兆候がなくても、がんはがんなのです。

人は、――正確には「私は」ですが――、「がんかもしれない」と心によぎる不安を、何と上手に打ち消すことができるのでしょうか。

私もがんと診断される半年前に、紫色の粒が少量出たことがあって（そんな症状はネットには「ブルーベリーの食べすぎ？」という回答しかありませんでした）、そのとき、それがもう一度出たら病院に行こうと思ったのに、そのようなことは二度と起こることなく、やがて先に述べた便秘症状となったのでした。

それでも、です。それでもなお私は、「がんかもしれない」とは思わなかったのです。

正直にいうと、今でもときどき、変な粒が出た半年前に病院に行っていればどうだっただろうと思います。結局おなじ手術を受けさせられたのでしょうか。

大腸内視鏡検査――二リットルものまずい下剤を飲んで何度もトイレに通ったのち（私には痔があったのでこのこと自体がすでにかなりの苦痛でした）、肛門から空気を入れながらファイバースコープを挿入するといった苦痛に満ちた検査法ではなく、もっと手軽な検査法があったなら、私もその時点で病院に行ったと思うのですが、やはり普通の健康な人は、苦痛の伴う検査を受けるよりも、それを受けないで済む理由を探すものではないかと思います。若い頃受けた大腸内視鏡検査の苦い記憶が、私が検査のために病院を訪れるのを妨げていたのでした。

†現実なるもの

と、ここまで読んできて、そんな強がりをいうのはやめて、検診を受けて早期発見されることが大事であったと宗旨替えしたらいいのにと感じておられる読者もいるかもしれません。ですが、後でその判断の正当性を説明しますので、読み続けていっていただければと思います。

ともあれ、私ががんという診断を受けて、そうした宗旨替えを行うほどには落ち込まなかったということは述べておきたいと思います。

それは、私が死を達観しているから、などということではまったくありません。診断を受けてすぐに思ったことは、「これであと一～二年のあいだ、抗がん剤の副作用にのた打ち回りながら死んでいくのかな」ということでした。ですが、その思考には妙に現実感がなく、その二分後には、「現代の医療水準からすると大腸がんは予後がいいらしいから、最新の方法で治療してもらえばきっと元気になるだろう」という思考が取って代わっていました。今日、「がんは治る」といわれているではないですか（それは後で述べるように事実ではありませんが）。

とはいえ、その不安な思考は、一度きりではありませんでした。私はその頃、眠る度にいくつもの悪夢を見ました。目が覚めて悪夢から解放されてほっとするのも束の間、自分はがんであり、手術で大腸を切り取らなければならないのだという現実を思い出して、この現実の方がそれらの悪夢よりももっと、ずっと悪夢のようだと思ったものでした（がんは眠りの中でしか忘れられないストーカーのようです）。

モンテーニュが夢と現実を区別できないといったのに対し（『エセー』）、デカルトは、現実においては事実の蓄積と連鎖があるから夢からは区別されると反論しています（『省察』）。この点では、デカルトの方が正しいようです。夢は覚めると急速に忘却されますが、現実はいつも否応なく繰り返し思い出させられ、その内容は変わりません——悪夢の方がまだましでした。

大腸を切り取らなければならないという現実——「もうすぐ死ぬのかな」という思いは、一人になったとき、体調が悪いとき、疲れたときに、しばしば私の心をよぎりました。

「現実」という語の意味は、しばしば夢ではないもの、理論とは異なるものというように対比されて定義されます。しかし、実際の用語法では、「これが現実だ」といわれるような、取り返しのつかない切迫した出来事のことを指しています。仕事や余暇に集中していたとしても、ふとわれに返って自分のがんを思い出す、その醒《さ》めた後のもの——そうした自己意識（自分についての意識）の瞬間が「現実」と呼ばれているのです。

現実は、夢の中でもない、物語の中でもない、映画の中でもない、――聖書のような壮大で緻密な物語さえ生きた人間が作ったものですが――、生きることの「現実」は、そこから醒めた、それらの外にあるものなのです。

†死と物語

死は一般に、物語の中に閉じ籠《こ》められています。多くの物語や映画の中では、誰かが死に、誰かが死んで出来事が新たに展開していきます。子どもや恋人の死、延々と描かれるヒーローの死、あるいはそれで出来事はエンドになります。

とりわけ、戦争ものや勧善懲悪ものでは多くの人が死にます。敵がばたばたと死に、悪人がばたばたと死ぬ。死のない物語もないわけではありませんが、死は物語を出来事として構成する、極めてありふれた要素なのです（とりわけ前老人期の人たちが創る物語では、死の実感が乏しいからでしょうか、あたかも「退場」や「リセット」のような、物語の転換要素としてしか使われません）。

それにしてもジョン・ウィックよ、それ以上人を殺さないで欲しい（チャド・スタエルスキー監督の同名映画）。日本では、旗本退屈男は「峰打ちじゃ（刃の付いてない方で打つに留めること）、安心せい」というではないですか（古い！）――子ども心にも何だかほっとしたものでした。

死ぬ瞬間には、敵も味方も、悪人も善人もありません。悪人に命令されて襲ってくる脇役たちでも、殺されてもいい人などいません。彼らを敵とし、殺してよいとみなすのは、生き残る、正義を振りかざす者たちだけなのです。

死ぬ役割を振られた人々は、その死を受け容れているかのように描かれますが、それぞれに家族や知人たちがいて、自分の死の意義が与えられる別の物語や映画を必要としているに違いありません。物語や映画の途上で、その結末を知らないままに死んで行かされるのを、彼らはどうしてそのまま受け容れられるでしょうか。人の死は、物語を展開させるための、そんな便利な機会とみなされるべきではありません。

物語は、子どもたちにとっては、――戦争ゲームの好きなおとなたちにとってもですが――、学校で教えられる人生のモデルでないとすれば、どこにもない世界のファンタジーに過ぎません。しかし、おとなたちにとってはそれが「歴史」です。歴史とは、現実であるということを要請されつつ実行される物語なのです。

人は、概して、生の中に永遠を見ようとします。若者が生に無限の時間が備わるかのように錯覚して、ゲームに依存したりその日暮らしを続けたりするのも無理はありません。しかし、多くの人は、やがて、数多《あまた》の物語の中の一つの物語を、自分の生に読み取ろうとし始めます。人は死後にも自分の意志が貫かれることを夢見、――たとえ自分史のようなものであれ――、歴史の中に自分の生が位置づけられることを夢見るのです。

ですが、物語の中で描かれる死は、死んでいく人の物語とは異なっています。一つの出来事のために死ぬことにされる無数の人々。その第一に、死にゆく人は、その物語の中で死んだ後に何が起こるかは知らないままに死んでいくということを忘れてはなりません。敵艦に体当りした航空兵たちは、──「靖国にいる」とされながらも──、帝国の敗戦を知らないままなのです。物語は人々に死んでよい理由を教えるものですが、物語の中で死ぬ人がその物語の結末を知ることができないという無慈悲な事情が忘れられがちなのです。

そして第二に、死者たちは自分の死の意味も、生者によって奪われるのです。だからこそ、とりわけ誰かのため、国家のために死ぬことを唆す政治や道徳の歴史物語作者たちの創作した人生の物語に耳を貸すべきではないのです。死は「取り返しのつかない切迫した出来事」の一つですから、死の出てこない物語は「非現実的」とすらいわれますが、逆に、そのことをたてにとって、彼らは死によって人類の軽薄な行動に重大そうな錘《おもり》をつけようとしているだけなのではないでしょうか。死によってしか人類愛や復讐劇の美談を創出することができないのです。しかし、死を生の延長の合理的な行為の一部として示すなら、結果を知り得ないままに死ぬ行為に赴《おもむ》く主人公はみな愚か者だということになります。

これまでいかに多くの生が、砂漠の砂粒のような無数の物語の蟻地獄の中に呑み込まれていったことでしょうか。しかし、どんな物語も、生きるということを汲み尽くすことはできないでしょう。生きることは、どんな物語であれ、——それは生きた人が作ったものにすぎず——、どのいずれもが、その外にあるのだからです。

人はなぜ死を悼《いた》み、死を嘆くのか、そのことが何を意味しているかが問題です。

どんな理由であれ、途上で死ぬ人、結末を知らずに死んでいく人を、私は悼まずにはいられません。死は生をもぎ取るところのものであり、結局はどの人も、人生の意義を与えてくれる物語なしに死んでいきます。われわれは、まさにそのことをこそ悼むべきなのです——カチンの森のポーランド将校たち、アウシュヴィッツのユダヤ人たち、ヒロシマのきのこ雲の下の庶民たち。列をなし、作業のようにして纏《まと》めて殺されていった人たちが大勢います。

それでは、どんな死が「よい死」なのでしょうか。

善悪は物語の中で与えられます。一つの物語に貫かれた、一つの善悪しかない社会は悲惨です。死ぬべき者と（生者の心の中であれ）生き残るべき者とが一意に定められます。むしろ、無数の物語のある社会の方がまだましです。バルザックの『人間喜劇』のように、多元世界の中で、それぞれの人物がそれぞれの物語の中に相互に顔を出しあう社会——ライプニッツのいうモナドの世界のようなもの（『モナドロジー』）……。

とはいえ、どんな物語もまた、それはそれで一人ひとりの生の拘束ではあるのです。物語のない人生もあるでしょう。中断や不発や袋小路の物語。物語の外で死ぬことこそ反道徳です。

イヨネスコの創作した不条理演劇が、一つの物語があるというわれわれの無意識の前提を告発していますが（『犀』）、なるほど、バッドエンド（中途半端で割り切れない虚しい想いが残る結末）こそが、どの人にとっても現実的なのかもしれません。

†がんになるのは不公平か？

話を戻しましょう。

私は、がんと診断された大学病院に通うために地下鉄に一時間近く乗っていなければなりませんでした。座れなくて辛《つら》かったときには、「ここに死にかけている人間がいるのにどうして座らせてもらえないのだろう」などという思いが湧いてきました（「死にかけている」はオーバーだろう！）。座れたら座れたで、周囲の人々を見渡して、その腹の中に私にあるような腫れ物がないことへの嫉妬の感情が渦巻きました（実際には何人かはいたかもしれません）。ときに、「どの人の腹の中にも腫れ物ができてしまえばいいのに」という想いが湧いてきました。しかし、だとしたら何なんだ――われながらばかげています。

がんが誰にも平等にできたとしても、それで何の慰《なぐさ》めになるでしょうか。とりわけ、私の療養を支えてくれる人たちががんになったとしたら、余計酷《ひど》い状況になるではありませんか。

想像してみましょう、誰かの看病をしていると、次の日には自分が患者になっている、そうやってバタバタと人がみな病気に倒れていくさまを。旧くは黒死病、最近では新型コロナウイルス。パンデミックです。そうした絶望的な状況を想像してみれば、自分一人が病気であるのがずっといい……。

人間としての普通の生活の質が奪われるがんのような巡りあわせは、天災や事故と同様に不運によって起こります。ある人はがんになり、別の人はなりません。がんになった人は「なぜそれが自分に」と考え、みんなが平等にそうなれば公正であるかのように考えたりするかもしれません。

もし神が存在するのなら、悪人か、少なくとも信仰心に乏しい人だけがそんな不運な目にあったらいいのではないでしょうか（確かに私には信仰心が乏しい）。しかし、善人も、信仰心の篤《あつ》い人もがんにはなります（だから神は存在しないとまではいえませんが）。

人のすることのうち、ある人に多くを与え、別の人にそうはしなかったら、それは不公平だといわれるでしょう。

不公平な、好きな分け方をしていいのは、権力のある人です。もし対等な関係のもとにあるのなら、等量に分けるか、資格や寄与分に応じて分けるべきだと人は考えるでしょうし、そうでなければ諍《いさか》いが起こるでしょう。たとえ権力があっても、――例えば子どもたちに対する親であっても――、公平を考えておかなければ、状況が変わったときには面倒なことが起きるに違いありません。

ですが、神は人間とは異なって、公平をふまえなくてもよいのです。人知を超えた計り知れない理由によって、ある人をがんにし、別の人をそうしないでもよいのです。しかし、それにしても、がんはそれ自体が、ただ人を苦しめる悪であるように思われます。神はなぜ宇宙にそのような悪を存在させたのでしょうか。ライプニッツの神義論など(『弁神論』)、哲学者たちはそのことを問いにしてきました。そちらの方が、信仰についての深刻で本格的な問いなのです。

なるほど、いつかは死ぬということだけは、平等です。そして、善人であれ悪人であれ、ただ不運な人にがんが生じます。ある人だけががんになるのは、神が不公平だからではありません(信仰の奇蹟によってがんが治ったなどと喧伝する人は神が不公平であると主張していることにはならないでしょうか)。ある人はそうなり、別の人はそうはならないというのが、確率論的な真実なのです。

がんになったような、不運な人に対する同情は、そうする人の、概して自分が不運でないことの悦びでもあり、安全地帯からする社交辞令に過ぎないかもしれません。私もかつてはそうでした。だからといって、そのような人もがんになっておなじ苦しみを味わって、自分の苦しみを真に知ってもらったからといって、それががん患者のどんな慰《なぐさ》みになるでしょうか。社会的不運を恨む人が、無差別殺人を試みるようなものです。

考え直してみましょう。統計からすると、地下鉄の中の人々のうち、何人もが腹の中に腫れ物を抱えていて、気づいていないだけだったはずです。私の過去数年間もそうでした。その中には、数年後、末期で余命数ヵ月となってしまう不幸な人が含まれています。とすれば、誰がそうかは分からないものの、気の毒だというしかありません。

幸運は自分のもの、不運は親や他人や社会や自然のせいだとする人は、それらの諸水準を分離できず、差異を識別できない小児病的な人です。他方、不運な人を救済し、その恨みを鎮めるのも政治の役割の一つであるとすれば、不運な人を放置し、あまつさえ自己責任として非難するような政治は、それも問題であることに間違いありません。

ともあれ私は、今では、地下鉄の中の見知らぬ人についてすら、がんにならないでいて欲しいと思っています。とりわけ、私の愛する人たちには、決してがんになって欲しくはない。再発転移の底知れぬ不安とそれに対抗するための抗がん剤による苦痛。いかに経験が大事とはいえ、そのような冤罪的な受刑を経験しなければならないほど酷《ひど》いことをした人は僅《わず》かだろうと思うのです。

†病気の人の国

がんとなって、私は障害者の人々の立場に初めて気がつかされます。

なぜなら、がんとなった今は、メディアに登場する人物たちの言動についても、私はただ見ているだけでしかないからです。以前の私なら自分はどうするかということを前提に批評したりしていたのですが、もはや自分が参加する余地がないのです。挑戦しようという気持になれないのです。

例えば、煽り運転で危険な目にあった人のニュースが流れるとします。多くの人が、それに遭遇したらどう対処すべきか、それを防ぐために行政はどうすべきかなどと考えるでしょう。しかし、運転免許を持っていない人にとっては、せいぜい「世の中には粗暴な人がいるものだ」程度の感想で終わってしまうのではないか——そのようなものです。私は、他の人たちの人生を描く、映画のファンタジーの中にすら、入り込めなくなってしまいました。

ソンタグは、人は、「健康な人の国」と「病気の人の国」のいずれかに属すると書いています（『隠喩としての病い』）。健康な人が知らない「病気の人の国」、私もかつてはそうだったように、彼らを「例外」とみなしているのですが、外見からは分からない「病気の人の国」の人たちがたくさんいて、社会の、まったく違う風景を見ながら生きているのです。

例えば足を引きずるようにしてとぼとぼと歩いている人たち。「健康な人の国」に属する人は、それを上手に避けながら進むほかはありません。ですが、その人たちはゆっくり歩きたいのではなく、それ以上には素早く体が動かないのです。動かそうとすると激痛が走ったりするのです。しかもなお、それでもまだいい方なのです。「病気の人の国」に属する多くの人は、歩道にすら姿を見せることができません。そうした人たちがどこにどのくらいいるのか、「健康な人の国」に属する人たちは想像もしないのです。

「健康な人の国」に属する人から見れば、病人、障害者、子どもたち、老人たちは、――それにワーキング・プアや母子家庭などの経済的弱者と再犯を繰り返す犯罪者たちすらも入れていいと思いますが――、自分たちと相対的です。辛かったり、苦しかったりはするだろうが、それは自分たちの場合よりも少し酷《ひど》いというだけです。何をするにも八方塞《ふさが》りの弱者だった子ども時代の記憶を失くしてしまい、――いつからそうなったのでしょう――、身動きできないほどの弱者の人から自分までのあいだにはただグレーゾーンがあるだけで、その度合いはグラデーションになっていると思っています。

ところが、「病気の人の国」に属する人から見ると、その境い目には冥《くら》くて深いクレバスがあるのです。それをジャンプして「健康な人の国」に入り直すには、信じ難いほどの努力と幸運とが必要だと思ってしまうのです。

しかも、クレバスの上部の巨大な壁にはスクリーンが張ってあって、「健康な人の国」の側から見ると、そこに「病気の人の国」の映像、社会的弱者たちの生活の、加工された動画が映し出されています。差別しようとする人たちも、支援しようとする人たちも、その動画に向かって働きかけているだけなのです。

社会保障を当てにして、あるいは企業等での特別措置を当てにして、そのスクリーンの背後にあえて回り込む人たちさえいるように見受けられます。批判するつもりはないのですが、しかしそこに一旦入ったならば、そこから脱出するのが大変困難なことになります。そのことをふまえておくべきだと思います。社会保障とは、人を社会に復帰させるための制度ではなく、せいぜい人を死なせないための制度に過ぎないのだからです。

哲学的断章2　群れとしての社会

社会を客観的に認識できるなどと思っているのは、「健康な人の国」に属する人だけだ。社会はそのポジションからそれぞれ異なって見える鵺のようなものである。

ケン・ローチの映画が描き出すように、資本家階級や権力者たちが、自分の利益のために欺罔しようとしているというほどでもない。そのような意図以前に、社会の本質は、それらの人々のあいだの知覚の断絶によって定義される。「直感（思いなし）」と呼ばれる紋切り型の言説は、思考からではなく、知覚から直接的に生じてくる。その断絶は、人々にそれらの知覚を強いる健康な人々全員の「常識」によって支えられている。社会は客観的に捉えられ得る一枚岩の存在ではなく、全体的なものと分裂的なものが、立場の違いで異なって現われる複合体なのだ。

なるほど、「病気の人の国」の人に対しては社会保障がある。それは、病気の人、障害のある人、老いた人、そのほかの社会的弱者を救済するということだ。だが、それは、はたして「救済」なのか。彼らはどんな意味で「弱者」なのか。

オオカミの群れ、ゾウの群れは、傷ついた個体がいたら、そこに置き去りにしていくのだろうか。その個体がついて来られるような速度で移動するのだろうか、それともその個体の傍にいつまでも留まろうとするのだろうか。

「生きている」ということは、その身体が、その種に標準的な行動ができるレベルにあるということである。しかし、どんな種であれ、それぞれの個体の能力には差がある。生存に最も優れた能力の個体を標準とすると、置き去りにされる個体数の方が多くなって群れは崩壊する。平均をとるにしても、捕食される可能性が高まり、平均以下の個体は生き続けることが難しい。しかし、スペンサーのいうそんな「生存競争」は、動物たちのあいだにはありそうにない（『進歩について』）。

個体の身体に命があるということと、その個体が生きていることのあいだには、大きな違いがある。多くの種の群れにおいては、「生きている」とは群れに留まるということだ。猛獣たちは、群れの中の子どもや傷ついた個体やはぐれた個体や老いた個体を狙う。それらの個体は群れの犠牲になるという意義を与えられるわけであるが、だから種の存続にとって重要なことは、その種の標準的能力が優れているかどうかよりも、群れとして多くの個体を抱え込むことができているかどうかということなのである。

逆に、個体として、群れから追い出されるとき、あるいはみずから群れから出ようとするときに、――それらに大きな違いはないが――、人はそこに自我（私という経験の原因となる実体）を感じるものなのだが、なかでも人がその人自身の死の匂いを嗅ぐときにこそ、群れから出されていく実体としての自我を見出だすことになるだろう――「私は死ぬ、それゆえに私はある」と死刑囚の陸田真志はいう（『死と生きる』）。

時代が違い、文化が違えば、私も機械のような立派な農民に成ろうとしたり、猛獣のような立派な戦士に成ろうとしたりしたことだろう。人は、群れの秩序によって与えられた役割に従う。

他方、自由とは、自分が思考した通りに振舞うという意味である。西欧近代文明は、人々がみな思考するということを前提にして、これを「権利」という名前で群れの秩序に組み込もうとしてきた。だが、秩序に組み込まれたニンゲンはもはや思考することはない。蜻蛉《かげろう》の口が摂食する必要がないために退化してしまったように、思考は退化し、息を潜めて群れの動向を窺いながら、ときに権利を要求するだけである。

だから、デカルトも、「私が存在するのは思考するあいだだけだ」と述べたのだった

(『省察』)。「私」はいつでもどこでも存在するというわけではない。人はいつでもどこでも思考するということはない。群れからはずれ、死に脅かされているときにこそ、私は思考する。私は思考するものと成って、したがって存在するものとして自分自身を理解する。自由とは、「思考する私」と成って群れから追い出されるというよりも、群れから「逃走」(ドゥルーズ/ガタリ『千のプラトー』)することなのである。

人は、自分の身体が病気になるまでは、――あるいは陸田真志のように死刑囚になるまでは――、生きているということが群れの中にあるということであるのに気づかない。だから、勝組になろうとして他の個体を出し抜いても差し支えないと前提する一方で、他の個体が病気等で弱者になっているのを見て「救済」しなければならないなどと考えたりもするのだが、そのとき救済しようとしているのは社会的弱者ではなくて、群れそのものなのである。

社会保障は、自分が弱者になったときの保険や、自分が参加した社会生活におけるセイフティネットのようなものだと考えられているが、――としたら富裕層はそれを必要とはしないわけで――、それは(富裕層を富裕な状態に維持している)群れを存続させるための諸力を、資金とシステムに具現化したものなのである(一人ひとりのことなんてどうでもいいのである)。

「社会的弱者の救済」という理念が一般的である限りにおいて、人々の心の中には、見えざる巨大な壁が屹立している。「健康な人の国」と「病気の人の国」の国境線である。それはすでに至るところにあり、至るところで絶えず引かれなおす。

それはしばしば「差別」として告発されるが、それとおなじことをいいたいのではない。「人権問題」でもない。マルクーゼは、アウトサイダーや追放されたもの、つまり社会的弱者こそがイデオロギーを脱することができると書いた（『一次元的人間』）。そのわけは、彼らこそが、自由を得ようとして「思考」することができるのだからである。

問題は、「生きている」ということの中に病気や障害を認めまいとするイデオロギーなのだ。病気でも障害でも老化でも、それでも人は生きている。大なり小なり人は病人や障害者や老人なのであって、「生きている」ということは、――孤独死のようなことにはならない程度に――、ニンゲンの群れ（善男善女）の中に居場所があるということなのだ。

病気はその本人を苦しめるばかりでなく、周囲の人に重荷を背負わせる。前近代には、病気は神の罰、「祟り」であるという考え方があったという。しかし、病気であることは例外的な生なのではない。その結果として不合理な思考に陥るのは、例外的な人ではない。多くの人に起こるごく普通の出来事である。病気であることと元気であることとを併せて、それがわれわれの生なのだ。

（二〇一九年六月）

死はいつ到来するか分からないが、いつかは必ず到来する。それが到来する前に、ひとりでに死の覚悟ができるようになるというものではないようだ。「どんな死も事故である」とボーヴォアールは書き、他方「哲学とは死の訓練だ」とモンテーニュは書いている。

†生の条件

私はがんの告知をされ、放射線を照射され始めてから手術を受けるまでの三カ月間、まるで鷲に毎日肝臓をつつかれる罰を受けたプロメーテウスのようだと思いながら苦痛の五時間を毎日続けていたのでしたが、その間《かん》、何もしませんでした。その受苦を耐え忍ぶしかしていなかったのです。

手術の日程が決まってからは、私はギロチンにかけられる直前の、コンシェルジェリー刑務所にいたマリー・アントワネットのような気分でいました。彼女がどうだったか知っているわけではないのですが、ただ事態が展開していくのに自分は参加することができず、最小限の備品しかない居室でただ待たされているだけ、という感覚でした。

それからまた、手術後の六カ月、抗がん剤を飲んで、その副作用による病的な状態をみずから招き続けました。抗がん剤を飲む以外は何もせず、ただボーッと生きていました。これは譬えるべき人物を思いつきませんが、こうしたことがあるということを、それまでまったく知りませんでした。

そんな経験は、生まれて以来、初めてのことでした。最初のうちは罪悪感を覚えていました。私はこれまでの六十数年のあいだ、毎日を、続く日々がよりよいものになるようにと、何かをしながら生きてきました。何かをやり遂げたと思った日には、気持よく床に就くことができましたし、大したことのできなかった日には、なかなか眠りにつくことができませんでした。

放射線を照射されるということも、抗がん剤を飲むということも、私が生き延びる確率を上げるために「よいこと」をしているはずでしたが、しかし自分で何かしているわけではなく、病院の医師たちの指示に従って耐えているだけのようにしか感じられませんでした。何もしないでただその日その日を過ごすこと――人生には、そうしたことが起こり得るのですね。

私は、仕事ができずに引き籠る人たち、自分の部屋をゴミ屋敷にしてしまう人たち、覚醒剤やギャンブルにはまる人たちの気持が、少し分かるような気がしました。

すなわち、生の条件が枯渇してしまうということがあるのです。生きていく道が袋小路になった場合、人はそんなことをしているほかはありません。だから、それを悪いといって非難する人は、こうした「生の条件の枯渇」という事態があり得るということについて、まったく想像のできない人であるに違いありません（私もかつてはそうだったのですが）。

人権を守るためにいうのではありません、そんな人たちを救うためにいうのでもありません――生の条件の枯渇した状況においては、誰しもそうなるものなのだということを認めてもいいのではないかと思うのです。そこから救おうとすることすら、すでに傲慢なことであるとはいえないでしょうか。

生の条件の枯渇してしまった人たちは、他の生物たちと同様に、限定されてしまった生きる道で、たまたま他の生物に喰われないまでになった文明的条件のもとでの生き方を模索しているだけなのではないでしょうか。善くも悪くもない、もし文明がなければ、その人たちは、猛獣に最初に喰われることによって、他の人々が生き残るのに役に立つ人たちだったのではないでしょうか。

生の本質とは、このようにただ受苦を耐え忍ぶようなものでしかないのか、という想いが湧いてきます。「生老病死」――人生に生起する経験の一切は苦であると悟らせるために掲げられた仏教のこの四文字が、「人生とは何か」に対する真の答えということになるのでしょうか。

とはいえ、人生には快もあります。「一切皆苦」がすべての人に成り立つわけではありません。私のいいたいのは、少なくとも、そうした苦痛に満ちた生を非難すべきではないということです。例えば「善く生きよ」などと、上から目線の、そんな非難がましい口調を通じては、人生の意味など、何もいえないということです。受苦に耐えているだけの人たちを非難して、自分は「健康な人の国」に留まり続けようとするにしても、それは、人生の終わりには不可能なことですし、根本的に虚しいことではないかと思うのです。

†メモを残す

地下鉄の中で考えていたことに、話を戻しましょう。

私は、御巣鷹《おすたか》山に墜落した日航機の乗客の中に、ジェットコースターのように上昇下降しつつ激しく揺れる機体の中で、震える字体で家族に別れを告げるメモを書いた人がいたことを思い出しました。まもなく私が死ぬのなら、私もどこかにそうしたメモを残しておきたいものだと思いました。

例えば、私のパソコンを立ち上げると（遺産を調べるために家族はきっとそうするはずだ）、メモが画面に出てくるようにしておいてはどうでしょうか。そこに、次のようなメッセージを残すのです。

妻へ、ぼくの人生で最良の出来事は君と結婚したことだった。ずっと一緒に暮らしていたかった。子どもたちへ、自立してしっかりと生きていって欲しい。それだけがぼくの人生の最後の望みだ。君たちはみな、ぼくの体の一部のように最も大切な存在だった。

大腸がんのステージ3で何をいっているんだと思われる方もいるかもしれません。その五年生存率は七〇％を越えます。ただし間違えないで欲しい。七〇％の人は生き続けるとはいえ、三〇％は死ぬのです。

確率と自分の身の上に起こる出来事は本質的に異なっています。その生存率は、自分が死ぬ方に傾く三〇％であるという確率でもあるのです。今日では半数の人ががんになるといいますが、私はすでにその五〇％に入ったのであり、そうとすれば、どんなサイコロの目だって出るかもしれないではないですか。

統計は多数の人の事例を集め、そこから導出された数字に過ぎません。〇％か一〇〇％かでない限り、自分がどうなるかは分かりません。七〇％生きるという生き方はないわけで、五年生き延びるか死ぬかは、私にとっては二つに一つでしかないのです。確率とは、運のよしあしを判定する基準に過ぎません。例えば航空機事故の確率は極めて低いといわれていますが、それでも運が悪ければ、自分の乗った飛行機が堕ちるのです。

それにしても、がんは航空機事故とは決定的に異なります。それは、突然ではないからです。発見されるのは唐突に、ではあるけれども、がんは、事故や災害、心臓発作や脳卒中の場合とは違います。それらの場合には、あっという間に症状は悪化し、死んでしまいます。豪雨や火災や自動車事故によって出る数名の死者、あるいは津波によって出る数千名の死者――彼らはみな、死について考えている暇もありません。

がんもその末期になれば大きな苦痛があるといいます。そのときになって気づいた人にとっては他の病気と似たようなものかもしれません。ですが、現代では、大多数の人にとって、末期であっても、数ヵ月から数年の執行猶予の期間があります。

末期がんで余命がどんなに短いにしても、それでも患者には時間が残されます。苦痛も薬である程度は取り除くことができます。まして末期がんではないとすれば、いろいろと思考する時間、自分の生の意味を整理する時間がいっぱい残されています。仕事を片付けて身辺を整理したり、誰かにしっかりと言葉を伝えたりすることができます。だから、がんは「優しい病気」であるなどといわれることがあるのです。

がんは、人に死について思考させ、自分の思うままにはならない「天寿」の概念を復活させます。天寿とは、人知によって左右されない、受容するほかはない生の終わりです。がんがまさにそれを与えてくれるように思えるのです。

とはいえ、もし健康な人が、「死ぬならがんで死にたい」などと発言するとすれば、それは治療で苦しんでいるがん患者への冒瀆にほかなりません。がんで死ぬことは、決して納得できるようなものではありません。何と過酷なことなのでしょう、歳をとって体力も気力も衰えた頃がんになり、死について思考しなければならなくなるとは……。

†何を遺すべきか？

死を覚悟するとき、人は仕事を整理して言葉を遺そうとします。とはいえ、人はなぜそのようなことをするのでしょうか。死んでしまえば、それらとはもう何の関係もないのではないでしょうか。

仕事を途中で放棄することになれば、自分の死後に生きる人たちの迷惑になるからでしょうか。迷惑をかけた人たちから悪口をいわれるのが嫌だからでしょうか。ですが、死んだ後のことはどうでもいいのではないでしょうか。

あるいはこうかもしれません、自分の仕事を完成させたいと考えるからでしょうか。

――幼い頃、私の祖父は、私の右の手のひらの中央にある大きなほくろを見ながら、「この子は星を握って産まれてきた、虎は死んで皮を残すが人は死んで名を残す」と私にいって聞かせたものでした。私も少しはその気になりました……。

しかし、名を残すことの価値は、死んだ私がどのようにして享受できるものなのでしょう。人々の記憶に名を残すような偉大な事業であったとしても、とはいえ歴史は生きている人々のものであって、死者の遺志や名前や肖像は、彼らから利用されるだけのものではないでしょうか。どんなに立派な追悼文を読み上げられたとしても、死者には聞こえようもありません。もし聞こえたとしても、そんなことはどうでもいいという心境《いきょう》になっているのではないでしょうか。

黒澤明の『生きる』という映画があります。その中には、医師が本人に向かってずばりと「胃がんです」と告げるシーンがあります。がんが死病とされていた当時にそうした告知は珍しかったと思いますが、がんになった初老の主人公がそれをどう受け止めるかがその映画のテーマであったがゆえに、そういうシーンを設定せざるを得なかったのでしょう。主人公を演じた志村喬が、それを聞いて家に帰り、照明もつけないままに部屋に立ちすくんでいる、そのときの表情を、私は忘れることができません。

若き黒澤は、その後の主人公が、——市役所の一介の職員なのですが——、享楽に耽《ふけ》ろうとしながらもそれもできなくて、市民から要望のあった、暗渠《あんきょ》のうえにブランコを一台作るという前例のない仕事を執念で完遂するということに没頭したのちに死ぬさまを描いています。主人公はそのブランコに乗って、「命短し恋せよ乙女」と歌いながら、独りで死んでいくわけですが、それでも、黒澤明はヒューマニストでしかなかったのです。

彼は間違ってはいないのですが、しかし、そうした「早過ぎる死」は、人生を価値あるものにする何らかの意義ある行動によってバランスの取れるようなものではないと思うのです。「意義」は、生者にとってのものです。すでに述べたように、死は、生者にとってのものでしかない「死の物語」を超越しています。それでバランスを取ることができるとみなすなら、それは生者の論理、ヒューマニズムの英雄に過ぎないのです。

死者にとっては、生きているあいだのどんな善や快も、死を償《つぐな》い得るようなものではありません。むしろそこに、庶民にとってのブランコの設置を代償にせざるを得なかった、家族から見放された主人公の悲哀が見てとれるように思います。のちに『七人の侍』で群れの論理を描き出した黒澤のことです、それが黒澤の真の意図だったということもあり得ないわけではありません。

ともあれ、仕事を片付けることによって、死の直前に他人《ひと》が絶賛するような経験をすることは、「最後の晩餐」のようなものでしかないように思えます。死刑囚には、執行前日に豪華な食事が振舞われるといいます。食事のような感覚の快は、過去や未来を無視するところに本質があります。感覚の快は、自分の未来がどうなるかを気にはしていません。罪人が首を切られるとき、それでも彼は自分が殺される刃《やいば》から目を背けようとするとモンテーニュは指摘しています（『エセー』）。眼の前のことにしか関わらないならば、死はどうでもよいものになるのかもしれません。そんな境地になることが重要なのでしょうか。

†死への恐怖

多くの人は、自分がいつかは死ぬということを忘れて生きています。否、忘れることはできませんが、頭から振り払いながら生きています。そればかりを考えていると、目先の仕事や対人関係や生活がうまくできなくなってしまうからです（とはいえ私は五歳の頃に人が死ぬことを知って以来、毎日のようにそれに恐怖しながら生きてきました）。

衆知のごとく単細胞生物は死なず、分裂するだけです。多細胞生物であっても、樹木や魚類の中のある種の生物は死にません。ですが、人間を含む大多数の生物は、死を避けられないものとして生まれてきます。

人類は、概して死を怖れてきましたが、死を怖れているのは、人格の仮面（ペルソナ）の下に潜《ひそ》んでいる小動物なのでしょうか、それとも死について思考している「人間」なのでしょうか。

なるほど、死について考えるのは人間だけなのでしょう。ゾウの墓場の伝説のように、多くの動物の中にも死期を悟ったような振舞をするものがいるらしいですが、それでも死は、彼らにとっては自然に訪れるある状態に過ぎないのではないかと思います。人間だけが、死を、生において起こる、生とは対立する何か決定的な出来事として捉えます。人間にとって、死は、生の反対物なのです。

キリスト教徒たちは死を永遠の生への「帰入」であると考えようとし、浄土教徒たちは、死を極楽への「往生」であると考えようとしました。古代エジプト人はミイラとなって未来の世界に期待し、秦の始皇帝は地下の冥界にも自分の帝国を作ろうとしました。

死んだのちに天国や極楽に行くという思想があるのも、現世のこの生活に快や喜びがあるからであって、人はそれを死後にも延長したい、やはり「死にたくない」と思っているわけです。感覚の快、おいしいものを食べ、美しい光景を見、愛する人に出会う。このようなよい経験のある現世は、もしかするとすでに天国や極楽なのではないか――そこに欠けているのは「永遠の命」だけなのです。

だから人々が死を不幸だと思うのは、逆に、きっと死が生の幸福を終焉させると思っているからであるに違いありません。生に幸福を見出だせない人々が自殺するところからすると、そう解することができます。

それに対し、ソクラテスは「死はそれ自体幸福なことかもしれない」と述べます（『ソクラテスの弁明』）。人は、日々経験している生についてもよく知らないのに、経験したことのない死について、よく知っているかのように考えます。死を怖れるのは、人を不幸にするもろもろのものを怖れるのとは異なって、それが何かを知らないのだから不合理なのではないかというのです。

もし死が幸福であるならば、人は死を怖れないでしょう。人が死を怖れるとしたら、それは生が幸福なものであるのに対し、死がその幸福を終焉させると思い込んでいるからなのであるに違いありません。

†死後の世界

死は、その人が生の中で積み重ねてきた膨大な記憶と知識とを消し去ってしまい、――人によってですが――、その人の寛容で穏やかな笑顔を二度と見られないものとしてしまいます。その後には、その人の愛用していた捨て難い所有物が散乱しているばかり……。それをふまえてか、最近では「終活」や「人生会議」ということさえいわれるようになっています（死ぬに際してもきちんと後片付けをしてから死ねということでしょうか）。

人が死について思考するのは、すでに出来上がった秩序の中で、自分の死が意味するものに対してです。しかし、自分の死は、他者たちの、多くの人間の死とは違います。それは何なのでしょうか、私の死と死一般とのあいだには、特異な差異があります（「特異な」というのは、比較を絶しているという意味です）。

人々が考える「死後の世界」とは、宗教の唱える、死んだ後に生きる（という矛盾した）場所のことではなく、自分が不在となったこの「生の世界」です。自分は死んでいるのだから経験できないものではありますけれども、死後の未来の世界は、単なる妄想ではありません。というのも、死者自身は無力ですが、それでも（それがゆえに）、死者を支える人々によって絶大な権力が与えられるからです――父や母として、あるいは英雄や聖人として。

いつの時代にも、死者は生の世界に厳然と影響を残し、遺言ないし遺志として生者を束縛しようとしてきました。死者は、死者が存在していた秩序を維持しようとし、残された生者のあいだでは、その秩序を維持しようとする一派と、それを破壊しようとする一派とがぶつかりあいます。

お分かりでしょう、国家社会レベルでは、概して、富や軍などに依拠する権力によって維持される生の秩序よりも、死者の秩序の方にもっと威力があって、生者は、それを通じて周囲の人々が秩序以前の自然状態に還るのを阻止しようとしているのです（第二次大戦の記憶がいかに現代の政治に影響を残し続けていることか）。

王と呼ばれる人間たちが、なかんずく血統を誇示することによって、その威力を活用してきました。生きている者どうしで、彼の死後の新たな秩序を決めようとすると争いを招くにしても、死んだ者の遺志に従おうとすることは、秩序の現状維持とその外挿法的発展に生者の願望以上の力を奮《ふる》うのです。

†故人の記憶

そのことは、庶民レベルでも同様です。葬儀および法事のために集う人々は、誰も文句のいえないようにして、故人のいた秩序を容認するために、あるいは真に抹消させるために集ってくるのです（そして相続争いが兄弟の仲を決定的に裂いてしまったりするのです）。

葬儀や法事は死者のために行うかのように理解されてはいるものの、正確にはかつて死者のいた秩序のために行われます。幽霊が怖れられますが、死者には呪いや祟りの力があるかのように考えられているのも、かつての秩序を存続させなければならないとする生者たちの断固たる信念を反映しているに過ぎません。

なるほど、謀殺された人たちは、怨霊となって自分を殺した人々に災禍をもたらしたいと望むことでしょう。なかんずく眠っているあいだに殺された人は、自分が死んでいることを知らないままに、愛する人々の周りを彷徨《さまよ》ったり、敵となった人々の様子を窺ったりすることでしょう。人々がそう考えるのも無理はありません。

そうした威力を活用するために、死にいく人は、その呪術的威力を損なわないように、あるいはより強力にするようにと身辺整理をし、財産分与の遺言をし、みずからの生の意味を整えようとするのではないでしょうか。

死後の世界が自分の思い通りであるようにしたいとは、何と傲慢で身勝手な願いでしょうか。まったくそれを享受する能力がないにもかかわらず、おそらくはそれを確かめる能力もないであろうにもかかわらず、死者はそれを望むのです（先に述べた私のメモですら、どんなに美談めかしても、そのことを免れ得ないでしょう）。

しかし、です。がんに罹《かか》って十分に考える時間を得たような人であれば、――その時間の長さによって――、その多くは、もはや敵などどうでもいい、ただ家族、友人たちに、忘れないでいて欲しいと願うばかりになるのではないかとも思うのです。

彼らは自分の死を、自分が知っているすでに死んでいった人たちと同様に、自分も回想されるようなものとして思考することでしょう。そして、願わくは草葉《くさば》の蔭から彼らを見守っていたいと望むことでしょう。とりわけわが国では、子孫がいて先祖を祀《まつ》る、その子孫に向けてみずからを位置づけようと望むことでしょう（柳田国男『先祖の話』）――子どものいない人には、だから孤独死が差し支えなくなるということでもありますが。

私もその一人として、平凡な人間が自分の死について思考するときは、生の世界、なかんずく家族について思考します。家族のない人が容易に死を選ぶのも、家族のある人が何とか生き延びようとするのも、そこに理由があるように思われます。私ががんで死ぬことを受け容れ難いのは、――今思考している哲学的なテーマを延長して考えていきたいという願望が強いことは強いのですが――、私が死んでいくことを受け容れ難いと感じている家族や友人や周囲の人々がいるからです。いわゆる「生きる意欲」は、その限りで湧いてきているようにすら思われます。

したがって、死を前にして身の回りを片付けたいとする最も大きな理由は、自分の死が、葬儀や相続をはじめとして、家族や友人や周囲の人々にすべき仕事を生み出すというところにあるのではないかと思います。

彼らに迷惑をかけたり、争いをもたらしたくないと人は考えます。とりわけ財産や借金は、彼らに分かるようにしておかなければならないでしょう。それに加えて、死によって自分が管理できなくなるもののうちに、周囲の人を傷つけたり、逆に幻滅させたりするものがあるという人もいることでしょう。自分のプライバシーに関しては、誰にも触れさせたくはないと考えるかもしれません。それで「終活」などということがいわれるわけでしょう。

†葬儀

いうまでもなく、愛する人の死は、この世で起こる最も悲しい出来事です。私はこれまで、母と父をはじめとして、親戚、恩師、先輩、同輩の、多くの人々を見送ってきました。

死は儀式によって聖化されます。葬儀に参加すれば、その人を喪失したことの悲しみのみがふつふつと湧いてきます。すべての死は中断です。もはや会って話すこともできないという喪失感——死は惜しみなく愛する対象を奪います。

母と父の死は、しばらくのあいだ、何を見ても、風景から何かが決定的に失われてしまったというような印象となって私を襲いました。思い返すと、私は何と長いあいだ、彼らと一緒におなじ風景を見てきたことだったか……。

悲しみとは何でしょう。怒りならまだ分かります。自分の生を阻害する相手に対する感情なのだからです。相手が意図的に阻害するなら、憎しみも湧いてくるでしょう。ですが、悲しみは、怒りや憎しみとは異なります。亡くした人、失ったものに、怒っているわけでも、まして憎んでいるわけでもありません。怒りようもない、憎しみようもない、受け容れるほかはないものに対する感情。永遠性の断念、生の有限性の自覚？——それは時間が経つことだけが救いとなるような感情です。

それにしても、葬儀のさなかにも、納棺された人の顔はもはや人でも物でもなく、「見たくないが見なければならない」という曖昧な感情が湧いてきて、私はいつも戸惑ってしまいます。その人が死ななかった場合にしたであろうことはもはや分からないのだから、何を惜しんでいるのかは、はっきりしません。

われわれは、ただ遺体が高温焼却炉の中に運び込まれていくのを、手を合わせながら見送りつつ、その人が亡くなったということを強引に説得されていると感じます。問題になっているのは、死の惨めさや残酷さや汚さです。死者たちへの想い――それらに気づかないふりをするように、みんなで共犯しているようにも思います。

しかし、その儀式がまもなく自分の身に起こりそうであると感じたとき、そうした列の順番に従って、「それでは私もそれを受け容れることにしよう」などと考えるのは難しいことです。その際の死は、単なる「私」の喪失ではない、喪失の悲しみを感じる私もいなくなるのですから。

何年後かは分かりませんが、死の床についている自分の姿を想像することができます（ピカソの子ども時代の習作にそのような絵がありました）。そして、その死の床で、十年前を昨日のことのように思い出すのと同様にして、今のこのときを思い出すことでしょう――きっとのこと、何とそれまではあっという間《ま》なのでしょうか……。

哲学的断章3　死と魂について

生物は死の中から産まれてきて、死の中へと還っていく。親のやがて死ぬことを前提にして子どもが産まれてくるというばかりではない。「魂」という語がプネウマ（気息）に由来するように、呼吸をすることが生きていることの本質的条件であるとすれば、子宮の海の中から排出され、逆さ吊りにされて背中を叩かれ、――ホッブズが述べていたことだが（『リヴァイアサン』）――、生きるということに対して泣き叫びながらわれわれは産まれてくる。

そして、年間一千万回、生涯何億回かの呼吸ののち、息を引き取って死の中へと還る際には、高温の炎に焼かれ、目に見えぬ粒子となって雲のあいだから雨粒とともに地上に降り、ゆく川の水の一滴となって海へと還っていく。

人生をそのように回転する車輪に喩えてみるとすれば、しかし、この車輪には撓みも歪みもあって、ガタピシャと回る。死は、産まれ出た直後から、否、産まれる前からすでに人を襲おうと待ち構えているのだ。

死は、生の単なる反対物ではない。海の魚にとっての空のようなもの、空の鳥にとっての海のようなものだと道元は述べたが（『正法眼蔵』）、飛び魚のように空中を滑走する魚もいれば、ペンギンのように海中を飛翔する鳥もいる。死は生の単なる反対物ではない。それは、生の車輪の反対側、それが行き着く先にあるのではなく、車輪の中心があって、いつも生がそこへと墜落していく否応ない重力のようなものである。

一方では死はいつでもあり得ることであり、他方では一定期間ののちに必ずあることである。この二つがともに成りたつ、それが死である。それだからこそ、周到に準備された死は不可能である。せいぜい、突然やってくる死という出来事に対して、いつでも死の方に片付いて差し支えないとする心の準備をすべきであると山本常朝はいう（『葉隠』）。

死が未来に待ち構えている。しかし、そちらに近づくに連れて、死は逃げ水のようにそこからさらに彼方へと去っていく。それは何歳になろうと、老人といわれる歳になろうと、おなじことである。死はいつも未来にしかないが、死は、自分には知られていない双子のように、平凡な日常にふと現われては、私を脅えさせる。それは、追いかけると逃げる。忘れようとするときには、自分の影のようにつきまとう。それを意識するときは、月のようについて来て私から離れようとしない。あるいは、北極星のように不動である。死は、あたかもドッペルゲンガーのようにして、惑う私の生を映し出している。

人間が人生、その生について思考するのは、ドッペルゲンガーとしての死をみずからに映し出すことによってでしかないように思われる。もし死という出来事が起こらないとしたら、人は、人生の中に、そもそも意味なるものをも見出だそうとはしないであろう。

それが本当ならば、死とは私の不在ではなく、むしろ、私のことそれ自体であるというべきかもしれない。「欺かれるものとしての私の存在が確実である」とデカルトは述べたが（『省察』）、だとすれば、死すべきものとしての私の生は、なお一層確実である、と。

私の本質とは、私の死、私が死に得るということだ……。アイデンティティ、私が私であるということがいかに頼りないものであろうとも、その私が死ぬとなれば、私は死すべきものとして、実体なのである。

「メメント・モリ（死を忘れるな）」、あるいは源信の『白骨観』。人は自分がいつか死ぬことを知っているが、「死は前方から来るとは限らず、いつの間にか背後に迫っている」（吉田兼好『徒然草』）。人が実際に死ぬときには、おそらくは不意を打たれるようにして、思わずそれに合体してしまうといったようなものなのであろう——誰しも人は「夭折」するのである。

どこまで思考を進めようと、死は、生と対立する。地球の公転は、生の中で経験され、認識されるが、私の人生の車輪とは「生まれて死ぬ」ことである。死は経験されず、認識されない。経験されるときにはもう死んでいるのだから経験されない——エピクロスがそう述べていた(『語録』)。死は生にとっての「特異な差異」なのである。

生における諸経験を認識させる何ものか、しかし、「死」とはそうした経験を超えた何ものかである。ハイデガーがいうようには、生のうちに覚悟できるものではありそうにない(『存在と時間』)。死はそのような、思考の対象ではない。人生という巨大な謎――すべての人に死が訪れる。生の中に生起するどんな喜びも悲しみも、どんな真も善も美も、死を超えることはできない。

ホッブズは死を「この世界から抜け出すことのできる唯一の穴」と定義している(『リヴァイアサン』)。他方、モンテーニュは、「哲学とは死の訓練である」と述べている(『エセー』)――われわれの生とは、思考して上手に死んでいくための生なのであろうか。

それにしても、死について語ったどんな思想家たちも、――それがどんなに深い思索であったとしても――、彼らもそのときまでは一度も死んだことはなかったのだ。

モンテーニュは、死を怖れるのは知識人だけであると述べている(『エセー』)。知識人は自分で思考し、判断しようとするのだが、死が何であるか分からないから怖ろしい。死は眠りのようなものだと古来いわれてきたが、なるほど眠っていて夢を見ていないときには(全身麻酔をかけられていたときには)、私はどこにいたのだろう――死とはその状態がずっと続くということなのか。自分の死について思考するにしても、その経験がないだけに、それは絶望的に難しい。

人々は、答えのない問いの周囲を彷徨っている。死は、——宗教的物語のすべてが疑わしいとするならば——、ただ不可思議としかいいようがないものである。世界がどのようなものであるかを知れば知るほど、死が理解不能なものとして現われてくる。飛行機のような鉄の塊が空を飛ぶといったような「不思議なこと」ではない。飛行機が空を飛ぶ理由は勉強しさえすれば分かる。

不可思議——思考は生の諸対象に対してする活動であるが、死は生の対象ではないのだから、思考不可能なものなのである。不可思議は、知の最大限徹底されたものの、その彼岸にある。今の私の意識が存在し得ない「深い思考」のもとにある。だから残念ながら、人生という巨大な謎は、私には解けない。

だから逆に、死とは何かを考えれば考えるほど、かえって生が謎となり、何のために、「なぜこのようであって別のようではなかったのか」が疑問になり始める。否、そこが大きいのだ。死によって奪われる、その生の根拠が失われ始めるのだからである。

考えてみよう。死につつあるその瞬間においては、そこで死んでいく世界がどのような世界であるかは、もはやどうでもよいものになってくるのではないか。死につつある私にとっては、そこがファンタジーの世界であっても、SFの世界であっても、ルイス・キャロルの世界（『鏡の国のアリス』）であっても、どれでもいい。

これが先史時代や遠い未来であればどうであろう、否、ほんの八十年前ですら、いつ死んでも不思議はない戦争の時代であった。人類の歴史の大部分、戦乱が特別なことではなかった時代の死は、今考えられる死とは随分違う。誰もが今のがん患者と同様に、数カ月先や数年先には死んでいても不思議はないと前提して生きていたのではないか。そこで死んでいく世界は、随分と違ったものであったに違いない。戦争のなかったこの七十年で、日本人の死生観は随分と変わってきてしまっている。

論理や自然法則は、どんな世界でも変わりないと思われるであろうか。しかし、それらこそ、この世界で人々が学んで見出だしてきたものである。前近代においては、魔術や奇跡や祟りがあって当然であるとされた生において人々は死んでいった。むしろ論理や自然法則は、この世界で起こりそうな現実性を、一般的なものとして拡張しつつ帰納しただけのものなのではないか。別の世界の現実性においては、別の合理性に基づいた論理や自然法則があり得るであろうし、そもそも合理性自体が、われわれのこの世界に特有の「偏見」なのかもしれない。

そしてまた、死につつあるその瞬間においては、社会を善いものにしようとする志の高い人であろうと、嫉妬や虚栄にまみれた卑俗な人であろうと、死んだらその現実に参与することができなくなるのだから、この世界への憤怒や愛着は虚しいものとなるであろう。

したがって、そのとき唯一確かなことは、この世界には生と死とがあって、自分がそこで死につつあるということである。信長の辞世の舞――「人間五十年、下天のうちをくらぶれば、夢幻の如くなり」(『敦盛』)となるわけである。

死ぬ間際、死に向かって無限に墜落していくとき、時間は次第に消滅し、その周囲に広大な虚無の空間が拡がって、「クラインの壺」のような夢幻と現実が入り混じる多元世界が開かれることだろう。無意味の海。地球上のすべてが海の中に放り投げ込まれてしまったように――宇宙は確かに誰かが恣意的に創ったともいいたくなる(ハミルトン『フェッセンデンの宇宙』)。それと同時に、しかし生そのものも速度を増し、遂には光の速度となって死と同時のものとなるであろう。ブラックホールに墜ちていくときのように、もはや時間は経たず、何も見ることができなくなるであろう。光速となった生は、ビッグバン直後の光である背景放射のようにして、宇宙のすべてを経巡りながらも、いつもそこにある死の一瞬の出来事なのであるに違いない。

だからこそ、生のうちに死それ自体について思考しようとするときには、かえってこの世界の生こそが謎となるのである。なぜ人は生まれて死ぬのか、なぜ男女の差異があるのか、なぜ物理法則があるのか、なぜ地球があるのか、なぜ生物は進化したのか、われわれはなぜこのような諸器官を持つに到ったのか、われわれはなぜ思考するのか……。

われわれが生物（生を持つ者）であるだけに、他の生物身体の形態を見れば、いよいよその想いは強まる。中世キリスト教神学における肉体を持たない天使や、ニーチェにおける特別な能力を持つ超人について想像したりもするであろう。

だが、われわれは視覚に頼り過ぎている。生物身体の視覚的形態は、その生物の影に過ぎない。われわれが風景の中に見出だす他の諸生物の身体は、物体と同様にして三次元空間を占める一対象なのではなく、動物の動作、植物の繁茂の質料であって、それらがする動作や繁茂という時間的現象の影（投影図）のようなものに過ぎない。われわれはそうした影を通じて、動作の意図を持つ主語、繁茂の意図を持つ主語としての生物を見出だすばかりなのである。つまり、われわれが自然の中に生物身体を見出だすのは、それらが山河や鉱物など、他の物体とは異なって意図のようなもの、「生きようとする意欲」を示すからであり、それこそが特定の諸物体が生物とみなされる理由である。

生物は、その個体の身体においてあるのではなく、「生きようとする意欲」の群舞する種の振舞の見えざる原因であって、人々は古来、それを「魂」と呼んできた。生物身体の形態は、――熊は立ち上がって腕を振り回すことができても空を飛べないように――、

「生きようとする意欲」の振舞の条件でしかなく、繰り返しになるが、人がそこから魂を推定する影、投影図のようなものに過ぎないのである。

それと同様にして、われわれは他の人間身体に「心」を見出だし、――見かけを気にするのもそれ自体に価値があるのではなくて「心」の（しばしば間違った）指標になるからであって――、みずからの自我と双子のような魂相互の交流の経験を持つわけであるが、そこから身体が死んでも魂は永遠であるという思考も可能になる。

しかし、魂は推定されるにとどまるものであり、自分の魂も翻ってそこから適用されたものであるがゆえに、生きようとする意欲が消え、身体が滅んだあとに魂がどうなっているのかは分からない。そのことに関するどんなに深遠な思想であれ、それは生者が発した言葉であって死後の魂がどうなるのかは、何ともいえないわけである。

人々は、山河や鉱物などの、生物に較べれば鈍感で一様でしかない森羅万象の生成消滅にしても、その背後に宇宙的魂の意図、自然の「大いなる生命」のようなものを想定しようとする。自然のそれぞれの諸現象として諸物体と諸生物を捉え、それらが何らかの意図ないし意志をもってそうした生成消滅を行っているとみなすことで、われわれの死、すなわち身体の生の消滅とバランスを取ることができるとみなされてきたからであろう。自分の魂が、死んだのちには宇宙的魂に融合するといったような思想もそこから生じてきたわけであろうが、そうした「救い」を求めること自体にはただ、自分の魂のはかなさに対する直感と不安が表現されているのみといえなくもない。

重要なのは「救い」ではない。死の恐怖に釣り合わせることのできる「思想」ではない。どんな思想も、生においてしか意味をなさず、生に対してしか意味をもたらさない。死に釣り合うような思想は存在しない。

死は、善く生きたかどうかと無関係に到来し、善き生を含めて、生を一掃するものなのだ（とはいえ、モンテーニュが『エセー』で証言しているように、魂の実体を物体の存在と同様なものとみなしていた前近代の人々にとっては、悦ばしいことに、死は随分とおおらかなものであったことだろう）。

以上から、死について思考することは、しかし、無意味だといいたいのではない。なるほど、死は実体ではなく、生にとってのものでしかないところの「思考できないもの」である。いいかえると、死は、死以外のものを思考させる空虚な主題なのである。ではあるが、しかし、死によってこそ人間は思考するということ、それ自体ができるようになったのではないだろうか。死について思考することは、生に対して距離を取ることである。獣たちのように泥の中をのたうち回るのをやめて、生の全体を見晴るかそうとすることである。それが思考するということではないのか。

死について思考することがなければ、人々はただ淡々とその日暮らしをし、自然に逆らって橋や塔を構築しようとしたりはしなかっただろう。回り道をする時間、遠くにあるものを見に行く時間を惜しむ理由がないからである。

とすれば、人間が作る秩序は、プラトンのいうように、永遠の世界のイデア（観念的真実体）を模倣したものではない。そうではなく、死こそが人間の作ろうとするすべての秩序の源泉であるに違いない。永遠のものとしてイデアが想起されるのも、人がみずからの生の有限性を自覚するからなのであるに違いない。

人間が作る秩序は、イデアのような範型に従って構築されるのではなく、死に損ないの人間たちの、死に物狂いの行動によって、でたらめにでまかせで形成されてきたものの集積を、その後の人々がその遺志を継いで、強引に維持しようとすることで構築されてきたのではないだろうか。

畢竟、死について思考することは、生について思考することである。他の生物たちのように自然にただ生きるのではなく、思考して生きるようになることである。死について思考することは、生の短さについて思考することであり、生の時間には限りがあることを思考することである。その短い生をどのように生きるかについて、思考することである。

（二〇一九年一一月）

第3章

いかにして歳をとるか

死は若い人にも訪れるが、死についての思索は老いとともに深まっていく。若いときの抽象的な思考のもと、人生の一つの意味としての名誉ある死や、人生の苦しみから逃れる最後の手段としての死とは異なって、歳をとって思考する死は、生そのもの、すなわち人生が主題となるような死なのである。

†人は死ぬ

有名な三段論法として、次のようなものがあります。

人は死ぬ
しかるにソクラテスは人である

したがってソクラテスは死ぬ

これは、論理学の教科書で有名な三段論法ですが、ソクラテスが死刑になることで哲学が始まることをふまえれば、形式的な三段論法に過ぎないものではなく見えてきます。

論理は、言葉を通じて思考するときに、人が陥り易い誤謬を指摘してくれる便利な道具ですが、前提の大多数が無条件に真であるとはいえないことから、論理だけからは真理を導出することができません。他方で、論理を超えて真理を直感している人もいます。聞き手がそれを論理的な形式に変換したときに、深い思考を発見できるような語りがあります。論理も、そのような直感（サンチマン）と関わるときには大変な発見をもたらすのです。

上記の三段論法も、——私も若いときから知っていたのですが——、今、その意味の重さを「直感」して驚かされないでいることはできません。すなわち、

人は死ぬ
しかるに私は人である
したがって私は死ぬ

一挙に読めば何ということはない論理的整合性です。ソクラテスを「私」に置き換えただけです。ですが、ソクラテスとは私のことです。すなわち、「思考する人間」です。そして、この文の一段ごとに、私は歳をとるのです。すなわち、歳をとって、それ以前には還《かえ》ることができなくなるのです。産まれて以来、「私は人である」という事実に到達するために、何十年の歳月を加えればよかったのか……。

正直にいいましょう。がんという病気を通じて、私はようやく「私は人である」という命題の、抗《あらが》い難い真実を実感させられたのでした。何とそれまで、私はそのことを何とか無視しようとし続けてきたことか、私はあたかも自分が死なないかのように生きてきたのでした。

しかし、私は身体を持っており、老い、そしてやがては死ぬことの必然性に気づかされます。死の、地球が公転して春夏秋冬が巡り、太陽の周囲を回転して年が積み上げられていくという事実のようなものとはまったく異なった必然性——それに今や呑み込まれそうになります。がんは、私にとってそのようなものとして出現しました。

がんのプロセスは、人生の、駆け足の縮図のように感じられます。加齢は、自分の思考と無関係に進み、次第に容赦のない姿を現わしてきます。がんの進行を受け容れるのが難しいように、年齢が加えられていくのを受け容れることも難しいことだったのに気づきます。がんについて思考することは、人生について思考することなのです。

†母のこと

自分の母のことで恐縮ですが、母は胃がんが発見されて手術した後、五年目に転移が見つかって亡くなりました。もう三〇年近く前のことです。

母は現代的発想の持主で、がんにならないためには検診が大事と考え、半年に一回、バリウムを飲んでレントゲンを受けるという胃透視の検査を長年続けていました。それでもがんになり、初期だといわれたのに再発転移して五九歳の若さで亡くなってしまいました（私は検診におけるレントゲン被曝が原因でがんになったのではないかと疑っています）。

当時、がんであることを本人に隠すのは、特殊なことではありませんでした。がんの診断は死の宣告のようなものでした。それで家族のあいだでは、母には胃潰瘍であるとして押し通すことにしました。

がんと聞いて生きる気力を失ってしまう患者も多く、医師も本人には隠した方がよいとアドバイスしていました。医師は「お母さんはそんなに強い人ではないのだから」と言い訳していましたが、がんの宣告が死刑宣告に等しかった当時、「そんなに強い人」は、わが国に一体どれだけいたことでしょうか（だから本人には隠すのが常識だったのです）。

しかし、体が弱ってきていた母は、ある日、病床から、私に向かって「がんじゃないの？」

と聞いてきました。

私の心の片隅には、「人は自分の状態を知る権利がある」という考えもあったのですが、私はその問いにまともに答えることはできませんでした。

「ぼくに聞かれても困るな、詳しいことはお父さんに聞いてよ」と、そのとき返事したのでしたが、これは「逃げた」という以外の何ものでもありませんでした。母は、私なら正直に答えてくれるかもしれないと考えたのだったに違いないのに……。

母は、いくつかの状況証拠から自分ががんであると推理していましたし、それを自分に隠そうともしていませんでした。言動の端々から、そのことは家族にも分かっていました。私に「愛別離苦」と書いたメモを見せたりしました。ですが、それでも家族は、呪文のように、「胃潰瘍なのだからまた元気になる」といい続けました。

——どうしても忘れられない光景があります。私が熊本大学に赴任することになって引越し準備をしていた頃、すでに転移が見つかって、抗がん剤を飲みながら一日中床についていた母でしたが、私が帰宅すると、新しいパジャマが準備してありました。久しぶりに着替えて駅前のスーパーに行き、私のために生活雑貨を買い揃《そろ》えたのだというのです。

母がその夜、寝巻き姿のまま階段に座ってそれらを床に並べ、私にその使い方を説明していたその光景を、——「自分でやるからいいのに」などとつまらないことをいってしまったのでしたが――、私は忘れることができません。そこには、パジャマだけではなく、様々な日用品が並べてありました（熊本にも売っているだろうに……）。とはいえ、私は、すでにボロボロになってしまった、その三十数年前のパジャマをいまだに捨てることができないでいます。

母ががんになったのは五五歳、亡くなったのは五九歳ですから、今自分がその年齢をとうに越えて思うに……何とそのとき母は若かったことでしょう！

当時、三十前でしかなかった私は、五十年以上生きているということはそれなりに十分に生を享受して、死に対する考え方も深まっているだろうと、勝手に推測していたのでした。

ですが、自分自身が五五歳になったとき、その「若さ」には愕然としました。当時の私の三〇歳とさほど変わらない、その歳で死んでいく無念さと寂しさを、その歳になってようやく想像することができました。がんなのだから自分は死んでしまうだろう、十分生きたのだから仕方ないなどと考えるようなことは、少なくとも私には、決してできそうにありません。

父についても述べておくとすれば、配偶者を亡くした精神状態についても、私は分かってはいませんでした。寂しいではあろうが、それを受け止めるだけの、人間はもっと強さを持っているものだと勝手に推測していました。

父とのコミュニケーションは少ない方でしたが、思い出してみると子どもたちにはいろいろと優しいことをしてくれていました。子どもは親になるまでは親の気持は分かりません。その歳になるまでは、親の孤独は分かりません。母の死後、そしてそれからしばらく経ってからの父の死後、私は父に対する態度をもっと、一人の寂しい人間に対するものへと変えるべきだったと、今は思います（間に合いませんが）。

†年齢道徳

私は今、母の亡くなった五九歳をはるかに越え、六七歳になりました。昔なら平均寿命くらいであり、今でもロシアの平均寿命くらいです。「人生一〇〇年時代」などといわれると、その年齢は妙に若々しく感じられるにしても、なるほど、六十年以上十分に生を享受してきて、死に対する考え方も深まっていていいといわれそうな歳です。

しかし、私は、還暦といわれる六〇歳のときも、多くの人が定年を迎える六五歳のときも、自分の歳をほとんど意識しませんでした。淡々と増えていく数には毎年驚いてはいたのですが。

私とおなじ年の生まれだった元同僚のK氏は、——西洋古典学の著名な研究者でしたが——、自己紹介をさせられるような場面で、必ずといっていいほど「船木さんとおなじ歳です」と付け加えて、私は困惑させられました。

その頃の私は、自分の年齢をほとんど気にしていませんでした。さすがに学生が自分の子どもと同年代になって以来、学生とは少し距離を置くようになりましたが、ちょっと年上という気分で学生たちに接していました。教師、年長者、先生としてではなく、先輩程度の気分で接していました。

K氏は、——その数年後に肺がんで亡くなられたのですが——、もしかすると、おなじ年齢でがんではない私に、運命の不条理を感じておられたのかもしれません。私が（がんになり得る）年齢を気にしていないことに、不快の念を抱いておられたのかもしれません。別に年齢を超越するとまではいいませんが、年齢を気にしない私の生き方は、一般的にいっても不道徳であったといえるかもしれません。

人々は、それぞれの人の活動を、その年齢に対照して賞賛したり非難したりします。だから人は年齢を気にし、それに応じて社会の中でのポジションを決め、それに相応《ふさわ》しくなるようにと努めます。

その意味で、年齢は、確かに道徳でもあります。社会からの圧力でもあります。あえて若く見せかけたり、必要以上におとなぶったりするのも、それはそれで、その「年齢道徳」の単なる裏返しであるに過ぎないでしょう。ときどき、「年齢なんか知ったことではない」と主張する老人がいますが、年齢道徳に対する反発としては正しい。しかし、身体の変化はあります。それから目を背《そむ》けようとするのに過ぎないのであれば、いつかその欺瞞が顕《あら》わになる日が来ることでしょう。

一般に、年齢相応に振舞わない人は、その行動が読み難く、つまり自分勝手であり、厄介です。なるほどそうです。歳のせいで変化してくる自分の状態を受け容れ、年齢に応じて生きようと努める人は、社会的には有用な人であり、あるいは少なくとも害がない人です。

といって、年齢相応に振舞う人の、死に対する考え方がそれなりに深まっているという必然性はないのですが、しかしがんになると、人は否応なくそれを深めざるを得なくなります。がんは自分が有限であり、死に至る存在者であることを教えてくれます。がんは、人にあらためて死について考えさせてくれるし、老い、自分がそのような齢《よわい》になったことを教えてくれるのです。

†自然の歯車

歳とは年齢を指し、誕生した日からの年数で表わします。歳は、産まれ落ちたその日から始めて、年々歳々、身体を大きくし、それに対応する行動の可能性を広げていきます。しかし、やがて成長は止まり、しばらく経ってのち、年々歳々身体は小さくなり、それに応じて行動の可能性が狭まっていきます。

それは自然であり、倫理でもあります。子どもを成長させるのは身体ですが、子どもを育てるのは、――周囲のそれぞれの勝手な理論によってではありますが――、精神です。誰の意図にもよらず与えられるものでありながら、各年齢に照らして、そのことへのそれぞれの人の寄与分と他の人との比較が主題とされるようになるのです。

年齢はその指標に過ぎませんが、それぞれの年齢で期待される水準が規定されています。そのプロセスの進行次第が年次に記載されているというだけではありません。そこでは、身体が大きく機能的になるという「自然」であるものが、社会で信頼できる人間になるという「倫理」となるのです。期待に応えられない場合には、成長が遅れているか、努力が足りないかとされますし、期待以上である場合には、標準以上に成長しているとか、十分努力しているかとされます。

としても、一年ごとにそれぞれのステージを昇っていかなければならないとするのは、近代の思考です。子どもが、結婚した男女による「家族」のもとに産まれ、保育園や小学校に行き、中学や高校に進んでから社会に出るというプロセスは、人類の歴史ではたかだかこの一五〇年の制度であって、普遍的なものではありません。定年があって老後があるというのも、普遍的なものではありませんでした。

他方、人生というよりも、自然の推移それ自体をとってみると、それは無数の事象がただ繰り返している歯車のように見えます。それは（近代の人生観のように）直線ではなく、円なのです。人も、その自然の歯車と同様にして、身体の歯車、リズム、仕事。朝起きてから夜寝るまで暮らし――それが延々と繰り返されているうちに、いつしか歳をとっていくということでもあるのです。

前近代の地縁血縁の中に人が産まれてきた時代においては、人間の歳のとり方もまたそのようであったに違いありません。すなわち、ただそれぞれの人が、自然の歯車の無数のサイクルの中にいただけで、自分が何歳であるかを知っておく必要はなかったに違いありません。

先に、社会を動物の群れと対比しましたが、本来人間は個人ではなく、群れの個体のようなものだと思います。例えば蚊の群れにおいては、群れから出て、群れに帰るというサイクルによって蚊柱という円柱状の群れが形成されます。そのようにして、人間は、蚊柱の中の一匹の蚊の飛び回るような生き方をしてきたとはいえないでしょうか。

それに対し、近代自然科学は、自然の運動を因果性、原因と結果の直線的連鎖とみなすことで始まりました。その運動を運ぶ事物に注目したのです。転がっていく球とそれが衝突した球――結果が原因となって次の結果を生みだすさまを追っていけば、それはエントロピー増大の法則に従って、最後にはただ乱雑なものが残ります――それが「成長する」、そして「老化する」ということの意味に繋がります。

しかし、運動の原因は群れにあって、運動のその一つひとつにたまたま遭遇してその結果につきあうということを繰り返しているだけだと考えてみてはどうでしょうか。

つまり、自然の諸現象は、神の一撃の後に虚空を一斉に進撃する無数の玉突きからなるのではなく、宇宙に充溢《じゅういつ》した無数の歯車の嚙み合わせからなると考えてみてはどうでしょうか。そのあいだの二つの歯車の同調が因果性と呼ばれたりするのですが、それは、それに介在する多くの歯車の蠕動《ぜんどう》によってしか成立しないことなのです。われわれの生もまた、そのようなものだとはいえないでしょうか。

哲学的断章4　**人生の大いなる車輪**

年齢とは、生まれて以来、地球が太陽の周囲を何回巡ったかという数に過ぎない。太陽の周囲を地球が巡る、その周期をもって一年とされる。地球は一年をかけてそこを巡っているのではなく、その巡る期間をもって一年とされているのである。

その地球の回転軸のちょっとした傾きによって、春夏秋冬の四季がある。四季の変化のお陰によって、多様な生物たちが地表を乱舞する。

春になると一斉に芽吹いて大地を緑色に染めあげる草々、煙のように立ち昇る昆虫たちの大飛翔。生きものたちは春に生まれ、実をつけ、あるいは産卵して秋に死ぬ。他方で越冬してさらに生を繰り返す生物たち。人類もその一員ではあるが、しかしそれはたった百回を越えることすら難しい。

地球がみずから回転する車輪であるように、太陽は、地球を始め、いくつかの惑星を引き連れた巨大な車輪である。そして、その太陽をも芥子粒のようなものとして含む銀河がある。それもまた、千億の星々から成るとてつもなく巨大な車輪である——重力の方程式を無視した車輪（外縁部の星々がニュートン力学による計算よりも高速で回転する）。ゆっくりと、本当は信じ難い高速で、しかし着実に回転する。何ものによっても押しとどめられることのない、この大いなる車輪。

人は、無限の過去から無限の未来へと続く時間の直線的な流れの中にみずからが存在しているかのように考えているが、それはブルーノが主張したように、何かが動き、そしてその不在となった場所へと何かが滑り込まされているだけではないか（『無限、宇宙と諸世界について』）。海の水が蒸発して雲をなし、やがて雨粒として大地に降り注ぎ、小川となり、寄り添いあうことで大河となって海に流れ込んだのちに再び蒸発するように、おなじものが永遠に繰り返す——「永遠回帰」（ニーチェ）だ！

とはいえ、永遠に……ではない。遠い未来、太陽がノヴァになって地球が溶けてしまう日が来る。さらには宇宙そのものが消滅するときが来るのかもしれない。

永遠が無限の過去と無限の未来を貫くという意味であるとすれば、永遠などあり得ないように思われる。「永遠に愛する」という誓いもナンセンスだ。キリスト教徒のいう「永遠の命」——永遠ということで時間が止まっているなら何も経験できないのだからそれを生きることは無意味であり、そこでも時間が経つのだとしたら、それは永遠ではないであろう。

愛は、もし魂が死滅しないのであるならば、永遠たりうるであろう。もし魂が永遠であるとすれば、輪廻転生、それはこのおなじ時間を輪廻しているということなのか。死んだらすぐにすべてを忘却して、——タイムトラベルのようにして——、おなじ両親のもとに産まれてくるということがどうやってあり得るだろうか。あるいは別の人間、別の生物として生まれてくるのであろうか。

おなじものは繰り返すが、二度とおなじことは起こらない。ライプニッツがいうのだが、おなじことが起こったという場合は、少なくともそれは二度目であるという、前回にはなかったことが含まれている。おなじことをあえて繰り返した場合には、それに習熟するか疲れるかして、どこか違うことが起こってしまう。

それで、古代の哲学者ヘラクレイトスが「万物は流転する」としながらも、「おなじ河に二度と入ることはできない」と述べたのである。鴨長明も「行く河の流れは絶えずして、しかももとの水にあらず」と書き記した（『方丈記』）。

人は、おなじものの繰り返しのうちで、時間が経つということを学ぶ。永遠とは死滅しないということなのか、それとも「時間が経つこととは無関係に」という意味なのか、いずれにせよ、どんなことも永遠に続くものではない。何事かを経験するとは、時間が経つということなのだ。

ベルクソンは、時間を物差しのようなものとして理解してはならないと教えている（『時間と自由』）。時間の本質は「経つ」というところにある。経つということの意味を、正しく理解しなければならない。時間を物差しのように捉えたSFファンタジーにおいても、時間が止まろうとタイムスリップしようと、そこでも時間は経っていく。「時間が経つ」ということは、何かが生まれ、何かが滅びるということである。眼を閉じて何かを想うだけでも時間は経つ。想い始めたものが滅んでいき、あるいは何かが新たに産出され、それで……時間が経つ。

時間を思考することがいかに難しいことであるか。その基準や、それに較べた速さや遅さを指摘することはできるが、対象にすることができるのは、書類や動画のように、過ぎ去って記録されたものについてだけだ。無限の過去から無限の未来へと進む時間なるものは、不可能なものを無理して空間的イメージにしたものである。経験することのできない理念である。

もはや「さっき」ではないということを、時計のような回転している針の位置（デジタル時計では増大していく数値）の知覚の差異によって捉えるにしても、それは時間が経った結果であって、みずからが回転している時間そのものではない。地球の上にいるのに、地球が回っているのに気づかないようなものである。

だから、時間についての考え方を改めなければならない。永遠があってその中に時間があるのではない。永遠は、幾何学的真理のような、どんな時刻も無意味になるという意味での、時間を超えたもののことではない。それは、時間の中にあって経験されるものである。すなわち、永遠とは、車輪のようにして、おなじものが終わりなく回帰するということである。だからこそ、「永遠に愛する」というような表現も許されるのだ。

車輪とは、岩石などの重い物体を移動させる際、地面との摩擦をなくすために敷かれたいくつものコロを、少し動かす度に後方から順次先方へと送る必要があったのを、動かすべき本体に取り付けてしまった便利な道具である。それによって、――磨耗さえなければ――、物体を永遠に転がし続けることができる。何と偉大な発明であったろうか。

しかしながら、それは宇宙空間においては平凡な現象なのであった。

古代ギリシア人たちは、天空の星々の回転に永遠を見ていた。永遠とは、有限な生をしか持たない人類にとって経験できない無限なものに付けられた名前ではなく、車輪の運動に見出だされるありきたりの現象なのであった。すなわち、何かが一回転すると、永遠がそこに、ひょいとその姿を現わす……。

永遠の一部として今があるのではなく、今の中に永遠がある。われわれの生に使命があるとすれば、それは、永遠を今に見出だすことなのであるかもしれない。

車輪という偉大な道具を人類が発明し、そこから文明が始まった。とはいえ、それは生命が進化によって、それを発明するほどの知的な種を産みだしたということでもある。生命それ自身も、宇宙の大いなる車輪の運動の一つの車輪である。生命も回転する。生命として産まれたものは、成長し、生活し、やがて死ぬが、それまでに生殖によってみずからとおなじ生物を産出し続ける。

女性が子どもを産むときに世代交代の歯車が一つ進められるわけだが、それだけで彼女はすでに永遠に属しているといえる。原始細胞に始まる途切れのない細胞分裂の長大な連鎖――その経験のない男性にとっては、永遠については思考することしかできないとソクラテスが語ったものだった（プラトン『饗宴』）。思考とはたかだかそのようなものである――思考それ自体は永遠ではない。昔の人の思考は、それが言葉でしか記されていない以上、その意味は正確には分からない――その多くが失われる。

それにしても、人生とは、あの、家族再生産のコースのことではない。成長し、学校に通い、就職し、結婚し、子どもをもうけ、老親を介護し、退職し、死ぬという人生のコース。

そうではなく、人生とは、「人が生きる」というそのことである。「人生問題」（西田幾多郎『善の研究』）――人が生きることの意味、生きるとはどのようなことかが問題である。人が生まれてから死ぬまで――生のサンス（意味ないし方向）として、われわれの人生は直線上を進む矢のようなものではなく、ガタピシと音をたてつつ、ひしゃげたりたわんだりしながら、運命（フォルトゥナ）の不安定な台座の上を回っていく一つの車輪なのではないだろうか。

そう、人生とは、歳月をかけてゆっくりと回っていく車輪のようなものである。「還暦」という概念があるが、それが六十年であるということは、その語句を発明した古代中国人たちが、人生の車輪の回転を百二十年周期とみなしたということであろう。いずれにせよ、人生の回転半径は、地球と太陽の距離よりもずっと大きい。

せっかちな古人たちは、――プラトンもその一人なのだが――、「輪廻」と呼んで、人は死んで直ちに次の生に産まれてくるとしていたが、人生の車輪は、生においては知り難い残り半分に伴われている。

アナクシマンドロスが述べたと伝えられるように、万物の根源は無限定（アペイロン）である。

「もろもろの存在者にとってその生成がそれらから来たるところのそれらへ、またその消滅をそれぞれの負目によって、到る。何故ならそれら存在者は時の指令に従って、また相互にその不正の償いをなすものゆえ。」（ディールス・クランツ編／山本光雄訳）

われわれの生は、その下半分は「混沌（カオス）」の中に隠されており、混沌から姿を現わす（ヘシオドス『神統記』）。そして火があらゆる生物の身体に飛び移ってはそれを養ってきた大地の一塊に戻してしまうようにして（ヘラクレイトス）、再び混沌の中へと沈み込んでいく。

しかしながら、その束の間に生起する諸感覚の、それぞれの何という大騒擾、何という極彩色の甘美な世界……。

生を超えたものの解釈は、生の中でしかなされない。しかし、親鸞のいう「自然の理（それが何かは生のうちでは分からないままにあるとされる理法）」（『歎異抄』）――生の中でなされる解釈が、生の淵源を描き出す。

人は人生の車輪の、あたかも車輪の各所に繋ぎとめられた大観覧車の一室に据えつけられたかのようにして、混沌の中から産まれ落ち、無数の小さな日々の車輪、月々の車輪の回転とともに、人生を過ごしていくのである。

そしてまた、おなじ年に生まれたものたちが、それぞれにおなじ車輪で回っていく。サッカー選手やフィギュアスケートの選手たちの慌しい世代交代を見よ。それと同様にして、友情であれ桎梏であれ競争であれ、時が経つと、彼らが自分とおなじ同世代のみんなの車輪のもとにあったことが分かる。敵もまた、その意味では仲間であった。人はその中で人生の意味、――『車輪の下』（ヘッセ）に描かれたように――、おとなになることの意味や人々のあいだで生きることの意味を知るのである。

そして「大いなる正午」（ニーチェ『ツァラトゥストラはかく語りき』）、その大観覧車の頂点へと達した暁には、宇宙という大海原のはるかかなたの地平線、宇宙の涯《はて》をまでも見晴るかせるような気分にもなる。

だが、しかし、「少年老い易く学成り難し」（伝朱熹）といわれてきたように、それはすでに手遅れである。そこには、いつも死の観念がつき纏うからである。その気づかれないほどの緩い速度のもとで、やがてはまた、混沌の冥い海の中へとおのれが呑み込まれていきつつあるというそのことに、――「目にはさやかに見えねども」（藤原敏行『古今和歌集』

所収）——、人はいつか気づかされる。

細胞は太古の海の塩分濃度を持つというが、人は生命の源である海から生じ、海の水から身体を成し、そしてついにはそのおのおのの細胞が破れて海へと帰っていく。「淀みに浮かぶうたかた」（鴨長明『方丈記』）——濃紺色の怖ろしいほどに深い海の底から立ちのぼってくる無数の泡沫の一つとして産まれ、進化によって与えられた驚くほどに精巧な身体諸器官、それをもってフォルトゥナの女神の前髪を摑もうとする血のにじむような努力でかろうじて獲た社会的な栄光も名誉も、財産も愛情も……すべては滅びる。

それはもはや、ついには回想としてしか残らないまでに希薄となり、「メールシュトロームの大渦」（エドガー・アラン・ポー同名小説）の、難破した船のあてどなく漂流する遺物のように、あるいはどこか知らぬ暗闇へと流れていく精霊流しの灯火のように、もろともに波のあいだに浮かんで揺れ動き、やがては海の水の中へと沈み込み、深海のただ一つの色のもとへと溶けていってしまう。

敦盛は、「見るべきものは見つ」と述べてから入水したという（『平家物語』）。海は生命の始原でもあれば、死の表徴でもある。海から生じてきた生命の一つであるにもかかわらず、人間が、不意に海へと突き落とされれば容易に窒息して死んでしまうか弱い身体のもとでしか生きられない種族に属していることは、人間の生の、最も理解し難いパラドックスの一つである。大いなる正午に宇宙の全体として見えたとはいえ、それは、デラシネ（根無し草）の身体としての、動物を養う大地に穿たれた窪みの奥の、――大江健三郎『万延元年のフットボール』の冒頭におけるように――、みずからうずくまっている底の方から見上げた夜空の一部の星々の、その窪みからしてしか見ることのできない星の配置に過ぎなかった。

われわれはみなアリクイのようなものとして、みずからの巣の中に引き籠って生きる。無限の彼方の宇宙の涯とは、その引き籠る棲家（エトス）の窪地を取り囲む縁の線のことに過ぎなかったのだ。

人生とは、アナクシマンドロスが述べたとされるように、時の秩序に従って罪を償うようなものなのか。家康が述べたとされるように、重荷を背負って道を行くようなものなのか。イカロスの神話に示されたように、一時の天空への飛翔とそこからの墜落のようなものであるのか。『シジフォスの神話』（カミュ）に示されたように、大きな岩を転がして山頂まで運びながらも、その岩が山頂に到着するや否や転がり落ちてしまい、再びそれを転がしていくといったようなものであるのか。

赤ん坊は、より高いところへと向かってハイハイするというが、なぜ人は坂を登るのか、「電気羊の夢」（ディック『アンドロイドは電気羊の夢を見るか？』）に描かれたように、投げつけられてくる無数の石に身を傷つけられながら……。そう、「上り坂と下り坂とはおなじ一つの坂」（ヘラクレイトス）であるというのに。

（二〇一八年六月）

一旦がんであることが分かると、そこからは病院で、それまでは知らなかったプロセスが始まる。誰しもそこで当惑することになるに違いない。それは患者が生き延びるためのサービスというよりも、社会全体で取り組まれている「病気との戦い」に参加させられるということなのだからである。

†死因としてのがん

先にふれたK氏ですが、たまたま二人になったときに病状を聞いてみたところ、――すでに骨に転移して杖をついておられましたが――、「抗がん剤を次々に試しているところで、新薬が出るのとの競争です」とおっしゃっていました。

免疫チェックポイント阻害剤であるオプジーボが話題になっていたこともあって、私は言葉を額面通りに受け取って、「それまで何とか頑張ってください」などといったものですが、後になって、K氏の言葉が最悪の状況を意味していたことを知りました。

がんと診断されるまでの、がんに対する私の知識は大したものではありませんでした。一九八五年に開催されたつくば科学万博で「五十年後にはがんは治る病気になる」とされていましたが、それを素朴に信じ、昨今のテレビで「がん治療の最前線」などといったテーマで次々と新しい治療法が開発されて、従来は亡くなっていた症状の人が恢復する場面が映し出されるのを見ては、がんは時間との競争だ、たとえ発病するにしても遅ければ遅いほどその治療法が開発されて、命は救われるようになると考えていました。がんになっても構わないけれども、なるだけ遅く罹るのがよい……と。

私は間違っていたのでしょうか——手術後の病室で恢復を待ちながらがんに関するいくつもの書物を繙きながら、私は、がんは本当に「治る病気」なのかという疑念を抱き始めました。

がんでない人は、がんについてはあまり分かっていません。「がんは治る（だから検診を）」というキャッチコピーを真《ま》に受けすぎています。「治る」といってよさそうなのは検診で引っ掛かったごく初期のがんくらいです。テレビで放映されるがん治療の最前線なるものは、がんが多種多様であることからすると、幸運な一部の人に起こっている出来事に過ぎません。その調子で、すべてのがんが治るようになってきているのではありません。

毎年がんで亡くなる人の数は右肩上がりとなっており、死亡原因の一位となってすでに久しいのですが、それでもがんは、結核などの感染症のように、――結核は以前はがんと同様の「死の病」でしたが――、克服されつつあるといえるのでしょうか。

この現象の説明として、従来はがん以外の原因で早く亡くなる人が多かったけれども、今日ではそれらが完治するようになり、それを乗り越えて生きる人が増えて、その後にがんになって亡くなるようになってきているのだといわれます。

この説明は分かり易い。新たにがんになる人の数が、がんの新しい治療法によって救われるようになった人よりも多いというだけのことなのです。がんになったとしてもその死亡率は下がりつつある。画期的な治療法が生まれさえすれば、がん死亡者数のグラフの線も、やがて下降し始めることでしょう……。

†五年生存率

がん以外の病気で死ぬ人が減れば減るほどがんになる人が増え、がんで死ぬ人の絶対数は増えますが、それにもかかわらず新しい治療法によって、がんで死なない人の数も増えます。がんになったとしても、死に至らない確率は上がっているというのです。

それで指標として使われるのは「五年生存率」という概念です。がんと診断された後、五年間生き延びた人の割合です。がんは、手術や抗がん剤や放射線で一旦腫瘍を取り除いたとしても、再発転移したらそれが致命傷となります。そうならないようにと、医師たちは、がんが発見されたときに、それが将来再発転移しないためのあらゆる手段を使って、五年生存率を上げようとします。

五年生存率を上げるもっとも効率のよい方法は、早期発見することです。そして手術であれ、抗がん剤であれ、放射線であれ、それらを使って発見されたがんをなるべく多く取り除くことです。そうやって五年生存率を上げることができます。

しかし、治療のよしあしは治療直後に分かるようなものではないというのががんの特徴であり、現代医療の限界です。五年生存率とは、治療した後に、患者が五年未満よりも五年以上生き延びた方がよい治療だったという推論によります。しかし、それは治療のよしあしを、単に生き延びた年数で測るという乱暴なやり方です。治療のよさの状況証拠に過ぎません。

しかも、がんの治療には大きな苦痛が伴います。治療のよしあしを五年生存率で測るとするにしても、その治療が患者にとっては苦痛を伴うものであるだけに、患者にとってよかったことかどうかは分かりません。五年生き延びれば二度と再発転移しないということではありません。生存できなかった患者にとっては、がんに加えて、治療における大きな苦痛がのしかかっただけだったということになってしまいます。

例えば五五歳でステージ1のがんが見つかって治療した人が五年間生存し、その次の年に再発転移して六一歳で亡くなったとしましょう。それと、六〇歳でステージ4のがんが見つかって一年後に亡くなった人がいるとしましょう。

両者を比較すれば、おなじ年齢で亡くなったにしても、――結果論ですが――、がんを気にせずに生きることを享受した後者の方がよかったと思う人もいるはずです。前者は、五年間の治療と検査の苦痛につきあわされただけです。医療の実績である五年生存率を上げるのに貢献しただけです。五年生存率は医療の水準を示す指標に過ぎません。がんになった人の運命を定める確率ではありません。

早期発見されればされるほどがん患者の数は増える一方で、早期発見されなかったときに較べて五年生存率は上がり、医療が役割を果たしていることになります。その結果、がんの治療法は進歩しているとされ、もしその傾向が続けば、人はいつかがんで死ぬことはなくなるだろうと、外挿法（これまであった事柄がその延長で展開するとみなすこと）を使って人々は予想します。

早期のがんは、患者の生活にほとんど影響を与えないのに、がんがあることによって病気であるとされ、かつその多くが五年後に治癒したことになります。がん患者はそのようなことを望んでいるのでしょうか？――がん患者が望んでいる「治療」とは、生活に支障が出るほどのステージ4で発見されても、そのまま死に至ることなく、元気な体に戻ることなのではないでしょうか。早期発見よりも、再発転移した末期がんを治すことこそ、開発されるべき真の治療法なのではないでしょうか。

とはいえ、早期発見されたがんがいつステージ4になるのかは分かりません。甲状腺がんや前立腺がんは、しばしば増殖することなく体内に留まるといいます。他のがんはどうなのか、どのようにしてそのようなことが起こるのかについての精密な理論もまだありません。今はともかくも早期発見して、五年生存率を上げることが、ただ目標とされているのです。

†新薬を待つ

私はK氏の言葉の意味をまったく分かっていなかったと思います。

「新薬を待つ」という言葉の意味は、——新薬が出ても一般の人に適用されるまでに数年はかかるわけで——、治療法がない、ほぼ絶望的ということだったのです。

新薬が普及する前に、臨床試験というものがあります。そこでは、実際に薬を与えられる人と偽薬を与えられる人が選別されます。その薬が有効なら、偽薬を与えられた人は犠牲になるのだし、この薬が無効であって酷《ひど》い副作用があるのなら、新薬を与えられた人が犠牲になります。がんの場合は、それで亡くなることもあるわけです。

しかし、たとえそれで死ぬことになろうと、末期がんの多くの患者は新薬を自分に試して欲しいと思うでしょう。現に死に向かいつつあるのだから、それを試してみたいという患者の望みは、しかし拒否されます。薬の効果を確定したいとする医療側と、治るためのすべての方法を試して欲しいとする患者側と、気持はすれ違います。患者は、代替療法や民間療法へと向かいたくなるかもしれません。

それにしても、K氏の罹《かか》った肺がんのステージ4の五年生存率が五％だったなんて、後で知ってびっくりしました。彼の心の中で何が起こっているかを、私はまったく想像できていませんでした。「他人の歯の痛みは分からない」と述べたのはパスカルでしたが（『パンセ』）、本当です。苦しむ人の心の痛みは、自分がそうなってみるまでは分かりません。

K氏が亡くなったとき、学科葬をすべきだと大騒ぎした権威好きの同僚がいましたが、私には、彼がそのようなことを望んでいたとは思えませんでした。そのような儀式よりもむしろ、私は、病床でも翻訳作業を続けていたK氏の、身体の苦痛をも上回る、研究半《なか》ばで倒れることになった無念さを悼《いた》みます。K氏は私の受けたよりももっと副作用の強い抗がん剤治療を受けながら、それでも教壇に立ち続けました。私には、どうやってそのようなことができたのか分かりません。彼は自分の心を同僚に打ち明けることはしませんでしたが、私の、そのことを悼《いた》む気持は今も消えることはありません。

母についても、そうです。抗がん剤の副作用によって痛む足を引きずりながら病院に向かう地下鉄の中で、私はふと気づきます。母が私のためにパジャマを買いに駅前に向かって歩いていたときの身体の辛さ——何ということか、母の苦痛はがんのせいだと思っていたのですが、それは抗がん剤のせいだったのです。

「末期がん」という絶望的な表現をやめて、それをステージ4といい換えようと、いずれにせよ、転移したがんの治療法は乏しい。新たに腫瘍となったがんの摘出手術を次々としようとも、別種の抗がん剤治療を次々に試そうとも、患者の体がボロボロになっていくだけであることも多いのです。

——入院していたとき、隣のベッドの男が人懐《なつ》っこく話しかけてきました。自分はステージ1で手術をして、まもなく退院なのだといいます。尋ねもしないのに、手術の内容や生命保険の手続きの話をしてきます。

私は、「それは運がよかったですね」などと返事しながら、内心、こちらはステージ3なのだと苛々《いらいら》してきました。彼は、「他の患者に同様の話をしたら相手が怒り出してしまった」と、屈託なく話していました。その相手は、いくつもの臓器に転移しているステージ4の患者だったそうです。彼は、自分よりも状態の悪い不運ながん患者を見つけては、その人に対していかに自分が幸運だったかを語って、自分を安心させようとしているように感じられました。

ステージ1やステージ2のがんから五年生存して「がんサバイバー」と称している人たちに

対し、転移したがんに苦しんでいる患者は何を思うでしょう？——それは希望でしょうか、欺《ぎ》罔《もう》でしょうか、早期発見による五年生存率の上昇は、「治療」という概念からは、少しはずれているように思われるのです。

†がんは治るか？

しばしばいわれている「がんは治る」というキャッチコピーが真であるためには、二度と再発転移しないことが保証されるということでなければなりません。ところがどうも、がんは、そのような「病気」ではないようなのです。

ステージ1や2であって、五年生存率がいかに高かろうと、そのステージが意味するのは腫瘍化した部分の状態であって、そのときすでに目に見えないほどの小さな転移が起こっていれば、そして一つ転移があれば複数の箇所に転移している可能性が高いとすれば、それはステージ4と変わりありません。早期発見で手術して五年経とうと、二度と再発転移しないという保証はありません（私の母がまさにそうでした）。

「治る」のは病気ですが、風邪や腹痛といった病気のようには、がんは治りません。がんを物理的に取り除く外科手術を根治術と呼んだりしますが、実際には「根治」しないのです。

元来、「病気」という概念は「元気」という概念とセットになって、体を通過している「気」

が元の気ではない、本来のあり方をしていないという意味です。人の身体は、健康から病気へ、病気から健康へと絶えず移行します。「完全な肉体的精神的及び社会的福祉の状態」というWHOの健康の定義もありますが、人が生活上必要なことを積極的に行うための身体的条件が整っていれば健康であり、そうでなければ病気であるといっていいでしょう。

そして「病気を治す」ということは、身体自身がおのずから健康になろうとするのに対して、それを支援するということです。そのために、古来、人は栄養のあるものを食べたり、安静にしていたり、住む場所を変えたりしてきました。今からすると根拠もないやみくもな治療法を試してきましたし、例えば瀉血や砒素の投与のように、しばしば病状を悪化させることもやってきました（『世にも危険な医療の世界史』）。

さらには、人々は呪術や儀式を使って心の状態が身体の健康の妨げにならないようにしてきましたが、それは病気が神々や悪霊によって引き起こされると考えられていたからです。それが近代になって、その人の性格や遺志など、道徳的な生き方に由来するとされるようになったそうです（ソンタグ『隠喩としての病い』）。一九世紀には結核が、二〇世紀前半には分裂症が、二〇世紀後半にはがんが、そうした象徴的病とされていたといいます。

結核は繊細な内面を、分裂症は創造性を表現しているとみなされましたが、しかしがんは、――そのようなよい意味の象徴性はなく――、戦争のように、一旦拠点を確保するとすべてを破壊するようなエネルギーを表現しているとされました。資本主義や核爆発のようなものです。その意味で、がんは、こじれた人間関係などのストレスがそのとき体に巣くってしまい、何年もした後で取り返しのつかないその醜い姿を出現させたものなどとして捉えられてきました。

今日では、がんの生成のプロセスが解明され始め、そうした道徳的で象徴的な意味は消えつつあります。それでも、がんを知らない人々は、発がん物質やストレスなど、何かを避け、——それが今日の生命政治的道徳ですが——、「正しい」生き方をすることによってがんにならなくて済むと思いたがるのです。

†がんは原因か？

近代医療は、前近代の魔術的な治療法に対し、自然科学のするにようして、身体の構造と機能を調べ、病気の原因を知ってそれをふまえて対処するという方法によって、多くの治療法を開発してきました。そして、身体の変調の原因が、それを引き起こす細菌やウイルスの繁殖によるか、身体諸器官の機能障害によるものであることを発見し、それらに対処する薬や療法を探し出して致死的な病を廃絶してきました。

では、がんは、どんな意味で身体の変調の原因なのでしょうか？

ところが、です。がんは「原因」ではないのです。それは、結果の現象なのです。がんは、結果として生じ、器官の機能を妨げるほどに大きくなってきた腫瘍という現象ですが、——カニの形に似ているところにがんという名前の由来もあるそうですが——、そうなった原因ががんと呼ばれるのではありません。

かつて発がん物質や遺伝やウイルスが、またストレスや食生活ががんの原因として指摘されました。だが、もしそれが原因なのであれば、それが必然的にがんを引き起こすということでなければなりませんが、そういうことはありません。

発がん物質や遺伝やウイルスやストレスや食生活は、その過程を促進する条件に過ぎないのであって、がんの原因ではありません。遺伝子を詳しく調べることによって、がんになり易さの確率を見出だすことができるにしても、その遺伝子ががんを発現させるわけではありません。がんになる条件の一つに過ぎません。あるいはまた、父母の呪縛——生活指針としていつの間にか植えつけられた思考や、子どもに何らかのこだわりを持たせる何気ない一言《ひとこと》も、がんの原因ではありません。

なるほど、生活上のさまざまな事情の統計をとれば、がんを促進するかどうかの推定はできます。タバコなどがその一つです。とはいえ、統計はウソをつくというか、他の諸条件を無視するときには、その推定は誤りになります。例えば、演歌をよく聴く人とアニソン（アニメ主題歌）をよく聴く人のどちらががんになったかの統計をとれば、おそらくは前者が圧倒的に多いでしょう。だから、演歌は聴くべきではないのか？――そうではありません、もちろん単なる年齢層の違いに過ぎません。

大腸がんになる人が増えたのは肉食が一般化したからだといわれることがあります。私も一瞬動揺して、肉を食べるのをやめようかと思いましたが、今さらそれでがんが消えるわけでもなく、考えてみると親の代よりも多く食べてきたわけではありませんでした。親の代よりも、海藻や黄緑色野菜やきのこやヨーグルトを毎日食べてきた点ではよい食生活だったと思います。それでも大腸がんになったのでした。

おなじ理由からいえることですが、ある種の食品や薬品、ある種の運動ががんを治すのに効果があるというのもあてにはなりません。それは、前近代の魔術に近いものであって、口に入れたものや体の動かし方が悪霊のようながんを祓《はら》うことができると前提されているのです。

それならまだしも、よく笑うことやよく感謝することの方が、がんに対抗して生きる意欲が湧くだけに期待できるかもしれません。免疫の働きががんに有効であり、それが生きる意欲の強度に連動しているらしいからです。

がんのような病気の場合、「これをしていればがんにならない」とか「これを飲めばがんが治る」といった世間に拡散されている言説は当てにはなりません。それによってある人はがんにならないかもしれないし、ある人はがんが治るかもしれませんが、すべての人が必然的にそうなるわけではないのです。

逆にですが、がんにならないための食生活や生活習慣を主張する人たちは、がんになった人たちに対して、食生活や生活習慣が悪かったという「自己責任」があるということを仄《ほの》めかしているのではないでしょうか。そして自分たちは、食生活や生活習慣によってがんにならないと思い込みたがっているのではないでしょうか。

しかし、どんな食生活や生活習慣であれ、運が悪ければがんになります。彼らの主張の背後にある動機は、自分たちが「健康な人の国」に属していることを確認することであり、がんになった人を「病気の人の国」へと排除監禁しようとすることではないかと思います。それは、――彼らも密かに知っていると思われますが――、将来がんとなって自分が排除監禁されることへの怯《おび》えに由来するものなのです。そのこと自体が、がんになって死ぬのとおなじ位に怖ろしいことなのですからね。

†タバコ

原因とは、それによって必然的に特定の結果の生じる現象のことです。タバコを吸っていても肺がんにならない人もいますし、K氏のようにタバコを吸っていなくても肺がんになる人もいます。肺がんの遺伝的要因はそれがない人の一・五倍の確率をもたらすといいますが、これは喫煙習慣と較べてどうなのでしょうか。飲酒の習慣はがんになる確率を五％上げるそうですが、それは喫煙習慣と較べてどうなのでしょうか。

感染症のように身体に外的な原因が引き起こす病気ではないのだから、その要素を排除したらがんにならない、がんが治るということはないのです（ただしピロリ菌については、胃がんの患者でピロリ菌のいない人はたったの一％だというのですから、一週間で済むピロリ菌の除菌をしないでいる理由はないように思われます）。

――私が麻酔科医の手術前ガイダンスを受けたとき、問われるままに「昨日までタバコを吸っていた」というと、その医師は突然怒り出して、「こちらが一生懸命治療しようとしているのに、あなたがタバコを吸うのは不誠実だ」といい放ちました。

私は医師のそうした態度に面食らいつつ、「手術の障害になるのなら手術までは吸いません」と答えましたが、ほかに何と答えようがあったでしょうか。この医師は余命数カ月の患者にもおなじことをいってその人生から嗜好や安心感を奪うのでしょうか――それは「禁煙ハラスメント」とはいえないでしょうか。手術の後なら反論するかもしれませんが、怒らせた医師に手術されるのは気持悪いことでした。

その病院では、壁にも「タバコを隠れて吸った場合は不誠実とみなして治療を拒否する」との貼り紙がありました（このような威圧的な表現が許されてよいとされているのは国立の大学病院だからでしょうか)。その医師の「不誠実」という表現もそれに由来するのでしょうか——もしかすると その医師の文案か?

それにしても、医師と患者は対等ではありません。医師が患者よりも権力を持っているから タバコを吸うことを叱責できるのだし、それで手術の結果が悪くなったとすれば、その被害を 蒙《こうむ》るのは一方的に患者です。その関係を、あたかも対等な立場であるかのようにいうのは「不誠実」なのではないでしょうか——女性が妊娠したとき、合意のうえで性交渉したのだからと いって逃げ出す男性のようです。

タバコは、緊張したときに吸うことで、その緊張を紛らわせて冷静になることができるとい う利点があります——がんを告知された後など、特にそうです。

私にとってのタバコの最大のメリットは、私の人生の中で、タバコが仕事の切替のための習 慣になっているところにあります。私は、研究をはじめ、何かを考え始めると止まらなくなり ます。行き着くところまで行って、これでよしとはなりません。やがて寝る時間や翌日のため の仕事の時間が迫ってきます。そうしたときにタバコを吸うと、その思考を切り捨てて、次の 仕事に進むことができるのです。

それは単なる習慣なのだから、別の習慣に替えればよいといわれるでしょう。なるほど、タ バコでなくとも、それぞれの人がそのような習慣をもっているに違いありません。アルコールや運動や読書やゲーム……。

思い返せば大学院生時代、タバコの煙で充満したゼミ室でテキストの解釈を巡って議論していたとき、タバコの害など何もいわれていませんでした。そうした中で培われた習慣でした。今さらどうしたらよいのでしょう。今の若者にとってなら、音楽は難聴になるから今日からやめろ（老人になったときに苦労するぞ）、ゲームは視力障害やゲーム脳になるから今日からやめろ（老人になってからするといいぞ）といわれた場合を想像してもらえば、少しは理解してもらえるかもしれません。

タバコは煙も出ることだし、害のある習慣として目立つだけで、ほかにも多くの害ある習慣があるはずです。それらはタバコのように一日何本何年吸ったかなどと容易に量を計算できないだけなのです。今後はAIが発達してビッグデータを処理してくれて、タバコと同様に禁じられる無数の習慣が指摘されるようになることでしょう――とても生き易い世の中になるわけです。

健康に特段の配慮をされながらゲージに入れられて毎日卵を産む（という大変不自然な生理を強いられている）ニワトリたち――一羽でも鳥インフルエンザに罹れば数百万羽のジェノサイド（民族絶滅の大虐殺）が執行されます。羽があっても空を飛べず、ゲージから逃げ出すこともできないニワトリたち――人間をそのように扱う統治を、フーコーは「生命政治」と呼びました

(『社会は防衛しなければならない』)。

ともあれ、充実した生活を支えるために、私にはタバコが必要だったのです。タバコを吸っていない人に勧めるほどではありませんが、体の健康のために心の健康を捨てるのは、――抗がん剤ほどの辛さはないでしょうが――、本末転倒ではないでしょうか。

†確率と必然性

ネットを見ると、食生活や生活習慣によってがんになるとかならないとか、ある治療法によってがんが治るとか治らないとか、さまざまなことが書いてあります。大病院の権威ある医師たちによるものもあれば、経験者と称する人たちの、「専門家ではないが」という断り書きのあるものもあります。

私は、いずれも違うのではないかと思います。がんに関しては、そうした二分法、二者択一的な判断は、原理的に不可能に見えます。すべては確率なのです。

五年生存率もその一つですが、各種の統計があって、そこに確率が記されています。結果が一〇〇%起こると分かっている因果論的必然性の事象であるならばともかく、すべてが確率であるような事象に対しては、われわれは考え方を変える必要があります。

統計には概して怪しいものが多数含まれているにせよ、しばしば更新され、新しい統計が作り直されます。がんに関しては、がんが治るかどうかではなく、がんが治る確率がどの程度あるかが記されています。人は、生き延びたいと思うなら、がんが治る確率が高いことをすればよいのです。

しかし、がんの進行状況のほかにも、生活の不便さや体調の悪化など、それらにもそれぞれの確率があって、自分の置かれている状況をふまえると、がんになり易い生活方針、がんが治らないかもしれない治療を選ぶ必要も出てきます。少々の確率の高低は、未来が知られ得ない以上、決定的ではないのだからです。

後から考えてそれをしておけばよかった、しなければよかったということは出てくるでしょう。ですが、未来に起こる結果の確率は自分の現在の状況との綱引きで決まります。余命わずかの患者に厳しい副作用の抗がん剤でどの位の期間の延命ができるか、麻薬を投与して緩和ケアをして少し早く亡くなるのを受け容れるか、このような計算が必要となります。

ところが、多くの人々の思考には、必然的なものを求める傾向があります。デカルト的な「幾何学的精神」に始まる近代の自然科学がそれを目指してきたのですし、その意味で医学もその一部であるのなら、そうしたものがあるはずだと想定してしまいます。確率を近似性（必然的なものの代替物）と取り違えているわけです。例えば九〇％の降雨確率なら「ほぼ確実に雨が降る」と考えるわけです。しかし、九〇％でしか雨は降りません。それ以上でも、それ以下でもないのです。

しかも、たとえ九〇％であっても、それが土砂降りであることを意味しているわけではありません。降雨確率は、雨の量や激しさについては何も述べてはいません。確率は、その時刻に雨が降っているかどうかについて述べられているのであって、それはあくまでも二者択一でしかないのです（五〇％という意味ではありません）。確率とは、近似値ではありません。運のよしあしを判断する基準でしかないのです。

確率を近似値として捉え、「こうすれば必ずこうなる」といった一般化をしようとする人たちは、皆なにがしかの神の信仰者であるともいえます。その発想において前提される必然性は、むしろ、宇宙において起こっていることではなく、人の心の中で起こっていることなのだと、ヒュームが述べています（『人間本性論』）。

問題は、人々の一般化するそうした傾向ばかりではありません。さらに、——もっと酷いのは——、医学情報の一部を切り取ってきて、あるいはどこかの噂話を拾ってきて、そこから勝手に何らかの必然性を推理するブログの書き手です。彼らの主張する必然性は、所詮「蓋然性（予兆やしるし）」に過ぎず、その背後に見え隠れする身体観や生命観には魔術的、宗教的な雰囲気が漂っています。

確率は、不確実とされる「蓋然性（ありそうなこと）」とおなじ原語なのですが、蓋然性の方は、元来、星占いや聖人の事跡や自然の中に現われる超自然的な「しるし」を意味していました。それが、魔術的に出来事の結果を教えるとされていたわけです。しかし他方、それが「確率」と翻訳される場合には、実際に起こった出来事の事例を多数集めて、出来事の結果を分類し、それらの可能性の程度を教えるもののことになります。ブログの書き手たちは、その違いを知らないのです。

確率は、近似値ではないように、不確実なことではなく、統計学的な「事実」です。個々の事例の結果を教えるようなものではないのだから、蓋然性とはまったく違います。例えば飛行機が墜落する確率がありますが、そのことは自分がこれから乗る飛行機が墜落するかどうかを教えてくれるわけではありません。蓋然性なら特別な予兆や胸騒ぎが生じるとされるものなのですが、そうではなくて、絶対に墜落しないとはいえないという「事実」があるというだけなのです。

大多数の医師が採用する「標準治療」についても同様です。それは統計と確率をふまえて学会で定められた治療方針にほかならず、病気を必然的に治す治療法ではありません。ただすべては統計によって知られている区分に従って治療すべきとされており、この標準治療をしている限り、医師は、責任は問われないというだけのことなのです。

したがって、標準治療で治るのか治らないのかと断定するのもやめましょう。実に、がんは確率的な現象です。「こうすれば必ずこうなる」といった因果的必然性は期待できないのです。

そしてまた、確率を提示する際の場合分けに「ステージ」という概念が使用されますが、ステージ1だから必ず治るということもなく、ステージ4だから必ず死ぬということもありません。そもそもステージの命名は、腫瘍化した器官の状態から推定されたものであって、ステージ1でも体中に転移した小さながんがあるかもしれず、ステージ4でも治療し易いがんであるかもしれません。それは医師でも、その場でははっきりとは分からないことなのです。

九九％治るといわれても、それは絶対治るとはいえないという意味であって、一％に自分が入る可能性はあります。一％しか治らないといわれても、その一％に自分が入る可能性もあります。それは奇跡というほどのことでもありません。奇跡とは〇％、不可能とされたことが覆《くつがえ》されることだからです。とはいえ、大体は確率の示す数字の大きい方に近い結果となります。

私も、術前放射線療法をすれば（たった）六％再発転移が減るといわれ、術後化学療法（抗がん剤治療）をすれば（たった）五〜一〇％再発転移が減るといわれ、――まるで楽天ポイントのキャンペーンのように分かりにくいですが――、生活が辛くなるにもかかわらずそれを受け容れたのでした。ですが、だからといって、確率が何かを知っている人なら分かるように、絶対に再発転移しないとはいえないのです。

†確率論的思考

ときどき、患者はみずから情報を調べて、主体的に治療法を決定すべきだという人たちがいます。元気だったらそれもやれなくはないでしょうが、患者は病気なのです。やってみようとしても情報は玉石混淆、――感じの悪い医師や雑な手続きの病院から逃れるためには必要かもしれませんが――、自分一人で決められるようなものではありません。決めようとして主観的な判断、つまり妄想的な思い込みを優先するというようなことも、起こりそうなことです。

とはいっても、たまたま出会い頭に行った病院で、たまたま担当になった医師のいう通りにするのも、ギャンブルのようで心もとありません。運を天に任せて現実を黙殺するには、命がかかっているだけに、事は重大過ぎます。

がんに関して与えられる情報は、主に統計です。統計は、人間身体一般に関する確率を教えてくれますが、そこからの偏差としてさまざまな条件を持っている私固有の身体の正確な確率など誰にも分かりません。

実際に起こる結果を、必然性を司る運命の女神（アナンケー）が決めているわけではないのです。出来事は、結果を知らないままに努力するわれわれにとって、そこでの努力が自分に都合のよい結果を生むかどうかは分からない、なるようにしかならないものなのです。統計が厳格に取られていれば、大体は確率に近いところに落ち着くだろうというだけなのです。それは、私の住む地域の降雨確率を教えられても、私の家のベランダに干してある洗濯物が濡れるかどうかは分からないのとおなじです。でも、そのような確率が教えられれば、洗濯物は取り込んでから出かけるという方針はたてられます。一般的にも、必然性や蓋然性に頼ることなく、われわれは確率論的に思考すべきなのです。

確率論的思考とは、統計を材料として、自分の状況とのバランスを取ろうとする思考法です。バランスを取るとは、――パスカルのいう「繊細の精神」(『パンセ』)――、多数多様なものを同時に把握して一挙にそこから最善のものを発見するという思考です。いいかえると、確率論的思考とは、多数の差異をその差異のままに配置しておき、つまり相互に無関係ないくつもの確率をそのパーセントのままに留保しておきながら、時が経ち状況が変化するのに従って、行動すべき判断をその都度与えていくという技能のことです。

才能の問題ではありません。鍛錬する必要はありますが、芸術作品の制作にも、有用な道具や高度な機械の製作にも、おいしい料理の調理にも共通して使用される技能です。幾何学者のように何らかの理論を措定してすべてをその応用問題として処理しようとするのではなく、出《しゅっ》来《たい》する新たな事態に対して多様な差異を保持しつつ現実的な判断をもたらす習慣のことです。

もう少し分かり易くいうとすれば、それは情報を「情報」としてペンディングにしておくという思考法のことです。何も信用しないということではありません。思考には「絶対大丈夫」や「絶対ダメ」へと進んでいって理由を忘れてしまう傾向がありますが、それに対し、よい経過を辿っても安心せず、悪い経過を辿っても希望を捨てないでおいて、他の情報と縒り合わせていくという思考法のことなのです。

このようなことを、岩田健太郎医師が新型コロナウイルスについて語っているのを、最近読む機会がありました（『新型コロナウイルスの真実』）。PCR検査をすべての人に行なって感染者を割り出すべきだとする空気がありますが、偽陰性が多いのだから、「診断」して各人に白黒つけることよりもむしろ、症状から感染者である可能性のある人を感染者とみなして対処するという「判断」をすることの方が重要だというのです。

これこそ確率論的思考だと思うのですが、ただ岩田医師は、この思考が社会に受け容れられない理由を、官僚の形式主義や日本人の国民性や大衆の反知性主義に求めています。しかし、岩田医師が前提しているように、この思考はどんな社会にもあって誰にでも自然にできる普遍的な思考なのではありません。確率論的思考は、現代で求められている特別な技能を要する思考の型なのです。それは、論理的思考と同様に鍛錬する必要がある技能なのですし、しかも論理ほどには知られていない、教えられていないから、彼の主張が受け容れられないのです。

このことは、がん予防についても同様です。食生活や生活習慣によって必ずがんになる、ならないではなく、がんになる確率がどの程度あるかと考えることにしましょう。好きな食事を制限し、嫌いな食物を取り、生活習慣を変えて不本意な日常を送ることで、どの程度がんが避けられるというのでしょうか、たまたま自分の生活の中にがんを避けられそうな確率のある食事や生活習慣があれば、それを推進すればいいだけのことです。それ以上の配慮が必要でしょうか、どんなに注意して生活しても、がんになるときはがんになります。それは、まさに確率の問題なのだからです。

がんの主要な情報が確率でしかないように、がんが治るといえないのは、がんの原因が定かではないからです。

肺であれ、腸であれ、胃であれ、各器官に生じたがん細胞はみな種類が違っていて、転移したがん細胞にも違いを与えているといいます。がんという点ではおなじでも、それぞれのがんは、違う種類の細胞の引き起こす類似した現象に過ぎないのです。がんとは、正常な細胞が何度も遺伝的変異を起こして増殖し、ついにはそれの生じた器官の機能を妨げるほどに集積肥大化し、さらには他の諸器官に広範に拡散したもの、いわばそうした「症候群」の名前なのです。

だから、がん一般の薬品や治療法があるわけではなく、各種のがん細胞の遺伝的変異にそれぞれに対応しなければ十分な治療はできないのです。

がんを定義するとすれば、多細胞生物である人間の体細胞が絶えざる新陳代謝によって約二年でほとんどすべて入れ替わってしまうといいますが、そのプロセスが一〇〇%完全ではないところから生じる現象です。生物は、新生細胞の入れ替わり（新陳代謝）によって身体の形態と機能が維持されるのですが、遺伝情報どおりではない細胞が確率的に一定数生じてしまうことから生じる結果なのです（自分の体細胞なのだからそれで苦痛も生じないわけです）。

身体が持つ免疫機能は、身体に外的な細菌やウイルスを排除するのと同様にして、毎日数千個も生じるといわれる前がん細胞を排除するそうですが、それがあるきっかけで、——発がん物質や遺伝やウイルスやストレスや食生活によって——、それに失敗し、そこから前がん細胞が免疫機能に押さえ込まれないような成長をし始める、そして一旦免疫に対して抵抗する能力を持つに至ったがん細胞は、治療をしても絶えず発生する可能性を持つようになるという次第です。

——まるでキノコのようですね。体の中に無数に毒キノコが生えてくるようです。あるときは単細胞となって飛び散り、そしていずれ結集して多細胞の笠を作る。全身の何十兆ともいわれる細胞の中からそうした遺伝子を持った細胞をすべて検出して排除したりすることなど、できそうにもありません。

というわけで、「がんは治る」とはいえないのです。

たとえ病状が寛解して現象を一時的に消すことができたとしても、それを称して「治った」ということはできません。実際、がん治療の歴史の中では、そうした寛解にぬかよろこびさせられた幾多の症例があったといいます。

だから一旦がんができたなら、残りの生涯はただ再発転移に注意しながら生きていくほかはないのです。死は祓うことはできても、一旦がん患者になったとしたら、いつ再発転移するかもしれないということに付き纏《まと》われる意識から、もはや逃れることはできないのです。

それは、カフカの『審判』で描かれたように、なぜそのような状態に置かれなければならないか分からないままに、いつ出されるかも分からない判決を待つようなものです。泥にまみれて死んでいる犬のように、——あるいは三木清が実際そうだったように——、自分の身体が自分の汚物にまみれながら死の床に崩れ落ちる日を待つのです。

結論をいいましょう。もし病気というものが、その重さに応じて身体に不調をもたらし、その人に苦痛を与えるものだとして、それを治療するに従って体調は戻り、苦痛が減るようなものだとしたら、がんは病気ではありません。

がんは体調の変化も大したことなく、それ自体の苦痛はほとんどありません。ただ、「急に具合が悪くなる」（宮野真生子同名書）、その可能性が高い状況に陥るということを意味しています。一定期間が経ったあと、急に具合が悪くなって死ぬのです。何と宮野氏のタイトルの適切なことか！――しかし、がん患者にならなければそれは分からないことなのです。

がんは確率の病、その意味では病気ではありません。がんが発見されるということは、突然、死の確率が極度に高まるということにほかなりません。例えば、外出するときに交通事故で死ぬ確率が、――とても僅《わず》かなものですが――、あります。がんはそれが四六時中、その何百倍、何千倍にもなるということなのです（今年中に交通事故で死ぬかもしれないと考えるのは杞憂ですが、がんではそれが起こるのです）。

がんによる体調の変化と苦痛とは、概《おおむ》ねがんの治療によるものです。だから、がんの治療をして「快方に向かう」などといわれるとすれば、それはがんが治りつつあるのではなく、治療の副作用と後遺症が軽くなったということに過ぎません。その治療の成果はとはいえば、死ぬ確率を、例えば一〇％程度減らしたといったことでしかないのです。

†がんとの戦い

二十世紀の終わりまで、がんと呼ばれる腫瘍がどんな原因でどのようにして発生してくるかが知られていなかったので、まずは手術で取り去ることに加えて、放射線治療や抗がん剤治療がやみくもに試みられていたそうです。その効果を見るには、再発転移がないかどうか、その後を見守っているほかはなかったのです。

一九六〇年代、乳がんの摘出手術において、理由は分からないが腫瘍の周囲を広く取れば取るほど再発率が低くなるという統計が見出だされたそうです。医師たちはそれを徹底し、患者の肩の筋肉から腹膜まですべて摘出しようとしたのでしたが、それによって衰弱して死んでしまう患者が多かったといいます。

しかし他方で、手術は小さい範囲に留めて抗がん剤治療を併用したら、再発転移が少ないという統計結果が出て、患者は乳房温存手術を選ぶことができるようになりました。ただし当時、どちらが再発転移が少ないかは何ともいえず、外科医と内科医による「がんとの戦い」の先陣争いに、患者が巻き込まれただけであったともいえます。

ムカジー『がん——4000年の歴史』によると、アメリカでは、医師たちは、「がんとの戦い」というアポロ計画にも匹敵する国家プロジェクトの中で、患者の身体を戦場とみなしてがんという悪をさまざまな方法で攻撃し、その戦場がいかに荒れようと、あるいは患者が死んでしまおうと、データを取ることに汲々としていたといいます。

こうした国家プロジェクトに対し、医療を個人の問題として取り返そうとしていた公民権運動が介入して、患者の意思によって乳がん手術のあり方を決めることができるようになったわけですが、それは医師たちの先陣争いのどちらを選ぶにせよ、その結果を患者の自己責任としてしまうことでもありました。どちらが生存に向かっているか、誰も知らないなかでの「賭け」だったのです。

このような過程によってがん治療が進歩してきたというのは事実ですが、患者は、がんが与える苦痛と、国家戦略として遂行される医療の苦痛の双方を耐え忍ぶほかはなかったのでした。「病気になったら病院に行く」という賢いはずの選択は、それががんだった場合は、医学の進歩という名目で、いずれにせよ死んでいった患者たちに拷問、虐殺のような仕打ちがもたらされたのでした――合掌（……するほかありません）。

†拷問のような治療

このことは、――世間ではよく理解されていないことなので――、もっと述べておかなければなりません。「治してくるよ」と明るく手を振って病院に入って行った健康そうな患者が、「これで大丈夫」といいながら、病院から暗い顔をしてとぼとぼと歩いて出てくるのが、がんなのです。苦しくなって病院に行って、治療によって元気になる他の病気とは正反対のプロセスを辿《たど》ります。

がんは初期には大した兆候もなく、生活に障害があるわけでもないのに、一旦病院で診断されると、治療によって大きな苦痛がもたらされることになります。もし治療をしなかったら、やがて体中の器官に転移して、治療もできずに死んでいくことになる可能性が高いわけですが、もし治療をしたら、それがいかに苦しかろうと、再発転移しないで済む可能性があります。この可能性によって、患者は拷問のような治療を受け容れさせられるのです。

私の身体も、それまでは健康でした。今となっては何事もなく、よく働いてきてくれたものだと思いますが、脳血管にも心臓にも肝臓にも問題はありませんでしたし、糖尿病の兆候もありませんでした。この歳ではまずまずでした――大腸にちょっとした「腫れ物」があっただけだったのです。しかしこれを身体から放逐するために、あっという間に私の身体は「ポンコツ」になってしまいました。もはや身体を気にせずに自由に活動することはできなくなってしまいました。

治療によって一〇〇%がんが治るのであればそれを耐える理由にはなりますが、実際は一〇〇%ではなく、治療しても一定の割合で再発転移します。とすれば、がんになった人は、あたかも投資家のように、自分の資産を供出して債権を購入して、それが大きな儲けになるか、暴落して大損するかを賭けなければならなくなるわけです。

すでに述べたように、がんは身体外部の原因による「病気」ではないのですから、いろんなことが起こります。多額の治療費がかかることも含め、人は生活上の安楽さと将来の末期がんの苦痛や死を天秤にかけながら、治療を受け容れるかどうかを決めなければなりません。

医師たちは、あたかも「パスカルの賭け（信仰するかしないかは死んだ後の天国で得る幸福の可能性をどれだけ見積もるかによるとすること）」のように（『パンセ』）、治療することによって生き延びられるのであるならば、治療を選ばない理由はないと説得しようとするのですが、とはいえ治療がパスカルの賭けの場合のように、「永遠の命」を与えてくれるわけではありません。治療で苦しめられながら、結局はがんで死んでしまうほど惨《みじ》めなことがあるでしょうか！

過酷な病院の治療に不信を抱き、代替療法や民間療法に莫大なお金を注ぎ込みながら、やがては末期がんとなってしまっている自分に気づく人々。多くの器官に転移してしまったがんに対しては有効な治療法が乏しい現状で、だからといって抗がん剤に苦しみ続ける必要はあるのでしょうか（ようやくホスピスや緩和療法も認知されてきましたが）。

判断は難しいですが、病院に行かないわけにもいきません。私もまた、明るく手を振って出かけていき、暗い顔をしてとぼとぼと帰ってきました。いずれにせよ、人が病院で受けてよい今日のがん治療は、せいぜいステージ3以上の、本当に再発転移を防ぐことができるかもしれない程度の症状においてではないでしょうか。それが、先に私の場合はタイミングがよかったといった理由だったのです。

他方、ステージの0から1までは、治療してしまったら、それから五年間に再発転移がなくても、本当にステージが進んでいないかどうか確かめるすべはなく、治療を受けたうえで絶えず検診するという修行者のような生活を選ぶことになります（それでもいいという人も多いとは思いますが）。

†抗がん剤

抗がん剤については、もう少し述べておきましょう。

抗がん剤のことをよく知らず、手術よりも抗がん剤の方がまだましだという先入観を持っている読者もいることでしょう。例えば自分の親が末期がんと診断され、手術は不可能で治療法はないと宣告されたとき、人はせめて抗がん剤でも使って延命し、そこから治る可能性を少しでも試して欲しいとの希望を抱くのではないでしょうか。

しかし、それは抗がん剤を「薬」であると勘違いしているのです。抗がん剤は、薬のような名前がつけられてはいますが、その発祥は第一次大戦時に使用されたマスタードガスにあるといいます。何というべきでしょう、毒物によって身体全体にダメージが与えられれば、がん細胞にもダメージになるということが発見されたのでした（あたりまえのことでは決してありません）。

元来、薬は「ファルマコン」といって、もとより毒でもあり、量が過ぎると毒なのですが、しかし抗がん剤はといえば、それはただの毒なのです。抗がん剤治療とは、人が死にかけるような毒物によってがん細胞にもダメージを与え、正常な細胞がそこから立ち直ってくることに賭けるという治療なのです。

しかも、抗がん剤の副作用を抑える薬はそれほどなく、ただただ自分の体がそこから復活してこようとする自然治癒力に頼るしかありません——自然治癒力を失った末期がん患者にとっては、それが拷問でしかないことがお分かりでしょう。

私は、手術後の半年のあいだ、抗がん剤の副作用に耐えなければなりませんでした（以下の記述はゼロックス療法におけるものです）。

看護師は、抗がん剤の点滴をするために、防護服を身に着けてゴーグルまでしていました——そんな危険なものが私の静脈に注入されていくときの気分を想像してください。さらにまた、抗がん剤は危険だからというので、家族が決して私の体から出る一切の分泌物に触れないように注意しなければならないといわれました。私の身体は治療や後遺症のせいで不潔になり、いろんな箇所を清潔に保つために、四六時中手を洗わなければなりませんでした。治療前の清潔の水準を維持しようとして、何倍もの努力を必要とするようになりました。

そしてまた、副作用が辛いとは聞いていました。手足の痺《しび》れ、食欲不振、吐き気に対処する薬が事前に処方されていました。当初、それらの副作用の症状は、物語を読んだり映画を見たりしてやり過ごせるのではないかと思っていましたが、実際それを受けてみて、その辛さの中心にあったのは、(誰も明確には語ってはいなかった) 身体全体の「耐え難い重さ」でした。目覚めたときから始まる、酷《ひど》い二日酔いのような気分、あるいは徹夜明けの気分。何もしていないのに、体中が疲れきっています。仕事や趣味など、いろんなことをしたい意欲は消えてはいないのですが、それをしようとして一分も動くと、疲れて座り込んでしまうのです。だから動き出すこともできない——そのような状態が一日中続きました。

「やる気」とは、欲望でも意志でもないと思います。「やりたい」とか「やらなければ」と考えて体を引きずるようにして事に取り掛かろうとも、体力がなければ続きません。結局、いやになってしまいます。逆に、体力が出てくれれば、いろいろと考える間もなく、事に取り掛かってしまっているものなのです (勉強のやる気のない子どもを持つ親もそのことをふまえるべきではないでしょうか)。

私は、そんなわけで、気晴らしすることもできず、ただソファにうずくまっているしかありませんでした。そこでは、物語や映画のような、いっときのあいだ別の人の人生に潜り込むような経験をするゆとりもありませんでした。

さらには、極端な疲労感に追い討ちをかけるようにして、眼の端から出てくる膿《うみ》が、眼の下に三日月状の隈を作ってひりひりさせました。自分の体液が自分の皮膚を焦がしているのです。それはまた、足の裏をまだらに黒くして瘤を作り (屍体の足のように見える)、皮が剝け、あかぎれのような痛みをもたらします。爪がひとりでに剝がれ落ちます（髪や爪が伸びるのは身体の毒をそこに集めてまとめて外へ出すためなのだからでしょうか）。冷たいものや硬いものに触れただけで電流が走るような感覚が生じます。私の体は、至るところから抗がん剤の毒を何とか排出しようともがいているようでした。

そのような気分であるにもかかわらず、私には、「食べます、食べるとき、食べれば、食べろ」しかありませんでした（「食べない」という動詞活用はありません）。味覚も鈍くなっていて、食欲がないのだから食べない方が楽なのですが、再発転移したときに体重が減っていて手術ができなくなることを怖れ（大腸がんは肝臓や肺に転移し、そのようなときに取り得る治療手段は少ない）、吐き気でむかむかするなか、私は努めて食べました。

口に食物を押し込み、咀嚼し、呑み込む。腹が出ることを怖れて腹八分目しか食べてこなかった私が、苦しみながらこれ以上は無理というほど食べようとする――しかもその嫌な感覚の記憶から、食べられない料理の種類が日増しに増えていく（食べることが面倒な作業の一つになると き、何でこんなことをするのかと、生きていくのに不可欠のこの摂食活動がなされなければならないことの不思議さを想わないではいられません）。

――こんなに食べているのにどうして体重が増えないのかと病院で聞いたところ、「抗がん剤を飲むということは病気になっていることとおなじだから当然だ」との答えでした。なるほど、血液検査では、毎回、異常数値の項目が増えていきます。

また、免疫機能が落ちているので、風邪が少し酷ければ救急車を呼ぶようにともいわれていました。「がんの薬なのにがんを叩くはずの免疫機能が落ちてしまうなんて変ですね」と医師に聞いたら、「そうですね」とだけ返ってきました。

私は、抗がん剤治療を三カ月やったあと、これ以上続けると歩けなくなる位に足の裏が痛んできたので、一週間休んだのち、量を三分の二に減らすことにしました。

三カ月でも六カ月の治療と同様の効果があったとの統計もありましたし、あとの三カ月で、もっと酷い副作用に耐えながら数パーセント再発転移の確率を減らすことに意味があるとは思えなくなったからです。その結果、音楽を聴いたり映画を観たりすることが、ようやくできるようになりました（完全にやめてしまわなかったのは、それをためらう医師の責任感を尊重したからでした）。

このようなことをする患者は多いと聞きます。副作用に耐えることができずに不合理なことをしていると（「意気地なし」と）捉える人も多いようですが、勘違いしてはなりません。抗がん剤は「がん細胞を叩く」といった治療ではないのです。がん細胞の増殖を抑えて延命させるという効果はありますが、要は再発転移の確率を五％～一〇％下げるためだけのものに過ぎないのです。

抗がん剤治療の副作用で苦しんで、髪が抜け落ちた女性が亡くなっていくとき、「こんなことなら抗がん剤治療などするのではなかった」といい、担当医師は淡々と「そうですね」と答えたそうです。

再発転移したとしたら、結果としてはやらなければよかったということになるのですが、それがいわゆる「後の祭り」というものですね。そのときには、別の選択肢を選んでおけばよかったとの後悔もするでしょうが、しかしその必要はありません。なぜなら、――ベルクソンが指摘しているように（『時間と自由』）――、その当時に別の選択肢を選んだときの結果がどうなったかは、決して分からないことなのだからです。

人は「選択をした」と思っていますが、選択して実際に経験したことと、選択しなかった場合に経験したであろうことを比較することは、原理的にできません。選択するときに思い浮かべた未来のイメージは、ただその時点の単なる想像に過ぎません。一つの選択肢を選んだなら、もはやそれとは別の選択肢の道を選ぶことはできず、どんなに比較してみようとしても、当時の想像と今の現実とを比較するのは無理、無意味なのです（確率によってする判断はみなそのようなものなのです）。

ともあれ、降雨確率が一〇％でも、私は傘を持って外出します。抗がん剤は、傘を持ち歩く面倒の千倍以上の辛さではありますが、それでも命が掛かっている以上、やらないわけにはいかないだろうと思うからです。

†免疫療法

なお、がんの治療法として、今世紀になって発展しつつある「免疫療法」というものがあります。

二〇世紀までは、がんへの対処法は、たまたま見つかった治療法を試し、その結果として患者にがんが再発するかどうか、転移するかどうかの結果の統計を見て評価されていました。それがなぜ有効かについては、がんがどのようなものか分からず、その原因も分からなかったのだから、医師たちの想像に任せられていました。

しかし、二一世紀になると、正常細胞から生じた前がん細胞が免疫を欺く能力を身につけて増殖していくという機序があきらかになってきました。そうとすれば、がんになった人の免疫能力を強化し、あるいは免疫の代わりにがん細胞そのものを攻撃する薬品、がんが獲得した免疫を欺く能力を打ち消すような薬品を開発すれば、がんを治療することができるはずです。

そのようなわけで、患者から樹状細胞やナチュラルキラー細胞を取り出して増殖させてから患者の体に戻すことによって免疫能力を高める療法が試みられるようになり（阿部博幸『がんで死なない治療の選択』）、それとともにがん細胞を攻撃する分子標的薬や免疫チェックポイント阻害薬が開発されているそうです（本庶佑『がん免疫療法とは何か』）。遺伝子を調べてがん細胞に対処するところから、ゲノム療法とも呼ばれます。がん細胞にのみ有効な特定の分子を付加して、そこに光をあてて破壊する光免疫療法というものもあるそうです。

ここに来てようやく「がんの治療」と呼べる医療が始まっているように思います。その中には、「がんは治る」というキャッチコピーがウソのないものになる方法が含まれているかもしれません。しかし、それらはまだ大多数が実験レベルであり、その医療費は高額です（一部は保険適用されるようになっていますが）。それらが普及するにつれ、多くのがん患者がこの療法を受けることができるようになることでしょう。

とはいえ、すでに述べたように、がん細胞の種類は大変多く、しかもがん細胞の特徴は進化にあるのですから、数千以上もあるといわれるあらゆるがん細胞のあらゆる変異の段階に対応してそれぞれに薬が発明されるのには、長い時間がかかることでしょう。

何十年後かは分からないが、がんは切らず、放射線をかけず、抗がん剤を使わず、要するに大きな苦痛なしに治療される日が来るであろうことを期待したいと思います。

第5章

がん病棟にて

がんになるということは、最新の設備を備えた病院で、高度な知識に支えられた万全の治療を受けて元気になるということであるとは限らない。施設に監禁され、ベッド以外には居場所のない長い旅に出るということでもある。それは、生還するとは限らない旅である。

†多と一

医師の観点からは、毎朝出勤してくると、あたかもベルトコンベヤーに乗せられているかのように、おなじ病気の患者が次々と病室へと入ってきます。患者の、似たような悪い体調とさまざまなタイプの不安の吐露——医師の側からすると、それは多数者の中の一人に過ぎません。手馴れた応答をしながら、その病状のバリエーションに応じて、標準治療に若干修整を加えた処置を行っていきます。患者は医師にとって、「多の中の一」に過ぎません。

医師から見ると、おなじ病気のおなじ治療へと向かうのですが、しかし患者からすれば、たまたま罹《かか》った一つの病気が、予想もできない多くの結果へと向かっています。患者にとって、それは生まれて初めての経験であり、唯一無二の自分の体で起こっている、恐るべき事態です。これから何が起こるのか、医師が正しく診断して、自分の体を元通りにしてくれるのか、あるいは不可能なのかと怯《おび》えています。

病院内で起こる一つの出来事が、医師側と患者側に、こうも異なった意義を受け取りながら出会っています。「多と一は合一する」と古代の思想は語っていますが（『華厳経』）、それは宗教的真理、ないし悟りの境地に過ぎません。現実のわれわれの経験においてはそれはない、多と一が決定的に食い違っている。そこに架け橋はないように思われます。

「多と一は合一する」というような真理の知識は、個別的で有限で具体的な経験に対して、全体的で永遠の抽象的な理論として与えられます。人はしばしば各個の経験から一般化して全体的な理論を作り出そうとしますが、それも一個の有限な、その時代の問い方に従った経験でしかないということを免れ得ません。

ただ、どんな時代の思考についてもいえることは、——それが「普遍的」ということの意味ですが——、経験をすべて説明できるような全体的な理論はないということです。むしろどの経験もそれらから異なったものとしてしか与えられないということです。すなわち、今述べた患者と医師、一と多のようにです。あるいは、病気の人と健康な人、私の死と他人《ひと》の死、おとなと子ども、男性と女性、老人と若者……。善と悪すらも、あたかも生物界のオスとメスのようにしてある――「善さそれ自体」（ソクラテス）は存在しないと思います。

対立するものを比較しようとするときに、人はそれを天秤の左右に置いてみます。重さという同一性のもとで、二つの対象を比較しているわけです。しかしもし、自分がそのどちらか一方に足を掛けないでは測れないような場合には、その比較は無効となるでしょう。「善さ」もその一つですが、どちらか一方に足を掛けてしか見出だされない対象、特異な差異とはそれのことです。同一性以前にある差異です。

「上空飛翔的思考」とメルロ＝ポンティは表現していますが（『知覚の現象学』）、みずからの立場を離れて、差異を同一性のバリエーション（ダイバーシティ）として、鳥瞰図のように見出だす思考に哲学はありません。差異を我が身で捉えること――全体を分割して比較するような差異ではなく、自分固有の経験が不可知の全体に対して持つ特異な差異をふまえなければならないとする、こうした思考だけが、哲学を存続させることができるのではないかと思います。

†苦痛は心にある

話を医療の現場に戻しましょう。

もとより、医療は宗教と深く関わってきました。病気は祟《たた》りによるなどとされ、呪術は薬効のあるものとされました。現代の医療は、それを治療から切り離そうとしていますが、人々の心の中では、その想いが消えません。よい食生活や生活習慣の勧めの多くは、なにがしかの宗教的真理を説こうとしているのです（真理に関心があるというよりは、それに従って人々が進む道を教えようとしているだけなのですが）。

しかし、宗教は、生まれる前と死んだ後の、われわれの有限な生を超えたものについての言及です。死後の世界や永遠の世界、そうしたことに関する宗教的真理は生の裡《うち》で与えられるものではありません。だから、生の世界のみを主題とする医学の言説とは食い違います。

それでも人々は、宗教と医療とを混ぜ合わせようとします。とりわけがんに関しては、こうしたらがんが治るという確実な知識は存在しませんから、そこに宗教的言説が力を振《ふる》う理由もあるのです。医師を神のように見ようとする患者の姿勢もその一つであるにほかなりません。

そう、患者は神を待ち望んでいます。患者は医師を神のように思いたいものなのです。多くの人は、状況が厳しくなったとき、自分が弱ったと感じるとき、頼ることのできる、神のごとき医師を求めるでしょう――『ゴドーを待ちながら』（ベケット）というようなことになるでしょうが。

「頼る」とは、もとより考えることをやめて身を委ねることであり、頼られた方が、全霊を傾けて相手の希望を叶《かな》えようとすることですが、患者は、そんな頼れる医師に罹《かか》ることを望んでいるように思われます。

医師が「すべて私に任せなさい、必ず病気を治してみせます」といい、何も考えずにいわれたとおりにしていたら、実際に元気になって退院することができたといったプロセスがよいに違いありません。ですが、実際は、必ずそうなるとはかぎらない。腕のいい医師が厳しいことをいい、腕の悪い医師が安直に希望をもたせるようなことばかりをいうというのはよくあることです。

おそらくは、医師には二種類あると思います。患者の体を診《み》る医師と患者の心を診る医師とです（心の問題を精神病とみなしてすぐに薬剤を処方するような医師は最悪ですが）。

つまり、こうです。人は体の調子が悪いと意識して医師のもとを訪ねます。医師の仕事は、薬を処方し、あるいは手術して、患者が生き延び、健康になり、調子がよくなったという意識を持って帰っていけるようにすることです。とはいえ、現代の医療機関では、医師は技術者であり、その処方や手術の出来栄えによって評価されます。人々は、そうした技術を持つに到るほどに勉強したであろう医師を尊敬し、それなりに人格的にも優れた人なのであろうと推測します。しかし、現代の多くの医師は、機械のメンテナンスをする技師と同様の技術者に過ぎないのです。

もし体の調子の悪さがストレートに意識に現われるだけであれば、あるいはそういう症状であるならば、医師のそうした対応は適切です。しかし、「体の調子が悪い」ということは、体の状態についての報告ではなく、患者の心における苦痛の表現なのです。その苦痛を取り除くということと、体の状態を健康にするということは別のことなのです。

われわれはしばしば勘違いしがちなのですが、苦痛は、手足や頭や皮膚や胸や腹（おなか）にあるのではないのです。そこが痛いという感覚が、心に起こっているだけなのです。痛みを感じなくなる病気もあるといいますが、痛みとは、自然に生起する現象ではなくて、自分の身体の状態を気遣うように神経系において作り出されている感覚なのです。

岩は割れても痛くない、植物は切れても痛くない、苦痛は自然の中には存在しないのです。ただ高等動物の身体だけが、危険を避けるために、痛みという経験を作り出すように進化してきたのです。初期のがんにも苦痛が伴うならば、予防検診も必要ないし、多くの人が死ぬようなことにもならないでしょうにね……。

そのように、苦痛は、まさしく心が作り出しているものなのだから、体の異常に正確に対応しているわけではありません。体が不健康でも苦痛を感じない人がいるように、体が健康でも苦痛を感じる人がいます。医師の中には、そのことをふまえた上で、患者の心から苦痛を取り除くために何をしたらいいかと考える人がいます。それが私のいう、心を診る医師です。

医師のそうした姿勢がまた医師への信頼感を生みだすのであるとしたら、名医とは、神のような医師のことではなく、――そんな宗教的真理の体現者のようなものではなく――、「病気とは体調の変化を通じて心に苦痛が生みだされている状態である」という病気の本質を理解している医師だということになります。命を助けるための一心で、患者にどんな苦痛が生じても治療しようとする医師もいますし、その志を否定することはできないにしてもです。

なるほど、がん患者の言葉はしばしば医師にとっては不条理です。楽になりたいという気持と死にたくないという気持が交錯して、不安がそのまま言葉になり、無理な願望を口にする――「楽にしてくれ」というのは、必ずしも殺して欲しいという意味ではありません。

患者はそれしかない、仕方ないとは思うのですが、死とそれに対抗する過酷な治療とを、双方ともに受け容れたくないという不条理な感情が、患者の中で解決されないままに、宙に浮いてしまっているのです。それは、どう解決したらよいのでしょうか。

†体と心

体と心の関係について、少し考えてみることにしましょう。

「肉体は霊魂の墓場である」という言葉が、古代ギリシアにありました。キリスト教のパウロは、体（肉体）をまさに原罪そのものとみなしました（『ロマ書』）。道元は、心を清めるだけではなく「身心脱落」、体と心をともに捨てるのが解脱への道であると唱えていましたが（『正法眼蔵』）、それは例外であって、体と心を分離してみずからの経験を捉える伝統が、――どの程度まで人類共通なのかは分かりませんが――、今日なお有力な思考の枠組ではあります。

われわれの経験が単純ではないのは、心の思い通りにならないときに、ただわれわれ以外の環境的要因がそれを妨げているのではなく、みずからに属していると思われる体が心の思いに対する障害として現われるからです。

古来、思い通りにならないときには、心を純粋にすること、あるいはその意図自体を変更することが推奨されてきましたが、そのとき心に由来するのではない経験の要素としての体をどう捉えるかは、大きな問題であったように思います。

例えば眠りにつけないこと、目覚めてしまうことは、心をどのようにしようとも、制御し難いことです。心は眠りの中から出現し、眠りの中へと失われます。それが思いなすがままに起こり、十分に眠った後にすがすがしく目覚めるときには、私の心が体によって左右されるという事態を忘れることができますが、心配事があれば私は眠れなくなり、あるいは中断して、あるいは早くに目覚めてしまいます。

――その日もそうでした。私は検査と治療の日程と方法について回答を求められており、というよりは病院の提案を受け容れることを強いられており、憂鬱な日を過ごしていました。たっぷり眠ってじっくり考えたいと思っているのに、なかなか寝付くことができず、朝早くから目覚めてしまったのでした。

私の体は、子どもの頃から、早く目覚めさせられたときには、午後まで動けないほどだるい状態が続き、何かするためには、いつもの何倍もの意志と努力とを必要とします。病院で測ったところ、その場合には、最高血圧が一〇〇に届かないという状態でした。睡眠を司っている体が、私の心の状態に対して、どうしてこのような不条理な反応をするのか分かりません。早く眠りにつき、たっぷり睡眠をとって元気いっぱいに目覚めることで、心配事を解決する気力も生まれてくるというものではないでしょうか。

体は、膨大な細胞の新陳代謝を行いつつ、栄養を摂取してはその活動を統合し、身体や神経の作動を順調なものにしてくれます。このことに、通常、心は気遣いをする必要はありません。ですが、体に異変が生じ、それによって思うがままに体が動かなくなりそうな状況では、体はあたかもみずからを心配して早く目覚めさせ、――逆効果であるように思われるのですが――、心がその対処をするように仕向けているかのようです。

栄養のあるものを食べたり、休養をとったり、リズムに合わせて排泄したり、睡眠をとったりするように、体が健康であることに対する心の寄与分というものが一方にあり、逆に、体が不健康であることが心に反映して、心自身が嫌がる不快な状態を生み出したりもします。苦痛は身体外部に原因があるのではなく、体みずからが心に作り出すものなのだと述べましたが、あたかも体にとっては、心は体の世話をするためだけに存在しているかのようです。

むしろ、心が体を意識することで心と体が分離してしまうことが病気だと定義できないでしょうか。とすれば、体に不快な症状をもたらす病原菌や生活習慣は病気です。予防医学を唱える医師会や、本来は楽しい運動や歌唱に点数をつける学校も病気です。がんよりも、それで死ぬ可能性を低めようとする標準治療も病気です。われわれは、本来は、心が体を忘れ、体と一体になるように努めるべきなのではないでしょうか。

「無意識」という語句を使って、体でもなければ心でもない、統一的な私の源泉を見出だすフロイトの理論がありますが、さまざまな立ち入った分析を可能にするものの、仮説の域を出ませんし、そもそも理論が整合的であればあるほど、それが経験の現実に対応するというわけではないのです。

重要なのは、理論的整合性を求めることではなく、現実経験を理解することなのです。われわれの経験で起こっている事態、思考すればするほど縺《もつ》れていく体と心の事態を解明することです。ただし、この縺れは、努力すればほどけるといったような謎ではありません。すっきりしたものになるはずだとする思考の本性の方が思い込みであるということもあるのです。

思考されたものが、あたかも鏡に映したかのような現実の写しになるという前提は、――ウィトゲンシュタインが定式化した議論ですが（『論理哲学論考』）——、それは「思考の夢」に過ぎません。思考する意識には思考する理由があり、思考した内容は、その理由に適《かな》うものであることが目指されます。世界の写しになりたいといった思考は、キリスト教を背景とする近代西欧の特殊な思考なのです。

はたして意識は、現実を概念的な原語や数式で表現するために生じてくるものなのでしょうか。思考が、真に思考であるためには、合理的整合的でなければならないのは確かですが、合理的整合的であることは、現実の写しであることとは関係ありません。現実が合理的整合的であるということは、——神の名を持ち出さない限り——、証明できるようなことではないからです。

人は思考においてしばしば同一律に誘惑され、縺《もつ》れたものを無理してほどいて合理的整合的なものにすることを望むのですが、縺れたものを壊さずに、縺れたまま理解するような思考もあって、そちらの方が次元が低いということもないのです。気持がいいとはいえませんが、現実というものは、数学を活用できるある種の事象のように、完全解を持つとはいえないのだからです。

「体と心」ではなく、まして「無意識」でもなく、意識の意図的能動的な要素と受身的受動的な要素とを、単なる反対物としてではなく理解するやり方はないものでしょうか。そして、純然と心のままにすべてが生起するような世界を夢見るのではなく、——おそらくそれは現実の縺れた経験の裏返しのイメージに過ぎないのであって——、穏やかに、何があろうとスムーズに眠れるような、そうした状態になることはできないものでしょうか。

むしろ、私は思うのです。大宇宙なる自然と小宇宙なる身体という対比が古代ギリシアの伝統としてあり、近代哲学は自然現象が身体において受け取られるときに、自然の事物と身体に生じる観念がどのようにして合致するかということを認識論的主題にしましたが、実は逆ではないのか。睡眠であれ排泄であれ、人は身体の不調に悩み、それをスムーズなものにするためにどう行動したらよいか、体についての怪しげな理論をそれぞれに作ってしまうものなのです（ネットに無数にある理論がその例です）。その理論の型をそのまま自然に適用して、自然現象に関する理論をも与えてきたのではないか。体の不調こそ、人が理論的に思考し、自然を学問的に解明しようとする隠された理由ではないか、と思うのです。

しかし、体の理論は人によって違うばかりでなく、絶えず魔術的な要素が伴います。理論を創ることよりも重要なのは、心と体が分離して相対立《あいたいりつ》しているような状態を解消すること、——和解するということではなく——、そうした対立が単なる派生物であるように理解される「姿勢」のようなものがあるのではないか——そうした予感は、ないことはありません。

†代替療法と民間療法

ともあれ病院では、医師たちは、患者が、死への怖れと治療の苦痛のアンバランスの結果、治療をやめてしまうことを怖れているように感じられました。過去にそうした事例がいくつもあったのでしょう。ネットを見ても、そうしたことをして、代替療法や民間療法に走る人のブログがあります。その人たちも生き延びたいと思っているのだろうに、なぜにそうしたことをするのでしょうか。

標準治療を拒否する人たちの心には、どこかで誰かが普通の人たちとは違ったうまいやり方でいい思いをしているという発想があるのかもしれません。未公開株など、投資の詐欺にひっかかる人々がいるようにです。そのような儲《もう》け口があるにしても、なぜ自分のところに電話一本でやってくると考えるのか、そうした発想を持っている人たちはそれに気づきません。ロトで出易い数字を教えるという詐欺など、ちょっと考えれば、それを教えるよりも自分で買う方が得をするのだから、そのような商売があるはずがないというようには考えないのです。

代替療法や民間療法に走る人たちには、――それは大多数の人にあてはまることですが――、自分の知性が有限であることを自覚しないある種の思い上がりがあるように思われます。デカルトが、「誰しも自分の持っている以上の知性を必要としないと考えているところから、人は良識を平等に持っている」とした推論は（『方法序説』）、――「自分が無知であることを知っている点で自分には誰よりも知性がある」としたソクラテスに較べると（『ソクラテスの弁明』）――、どうかと思います。

七〇％以上の人が「自分は平均以上の知性を持っている」とみなしているという統計があるそうですが、その人たちには、そのこと自体の奇妙さが理解できるのでしょうか（それが理解できない人の知性は平均以下といってもいいかもしれませんが）。二〇％以上の人が単に思い上がっているのか、あるいは平均以下の人の知性を著しく低いとみなしているかのどちらかです（その場合は自分よりも少しでもできない人をバカにして差別しているわけですが、それを知っているだけに、差別されることを怖れて自分を知性的と称しているのかもしれません）。さらには、残り三〇％の中に、非常に知性的であるがゆえに自分を知性的と考えない人もいることを想定するべきでしょう。知性があるということには、自分の知性には限界があると自覚しているということが含まれるのです。

他方、代替療法や民間療法に進もうとする患者たちに対して、それがただの愚かな迷妄であると断罪する医師たちも、なぜそのような選択をする人たちがいるのか、自分たちの医療のあり方に問題があるのではないかと、考えてみるべきではないでしょうか。

「民間療法は治らない、標準治療でこそがんは治る」と声高《こわだか》にいいたてる医師たちにいいたいのですが、標準治療でもがんは治るとはいえない、生き延びる確率が高いという、ただそれだけのことなのです。

確かに、民間療法にないものはエビデンス（統計による証拠）です――治るとされる理由もはっきりせず、治る確率は恐ろしく低いと思うので、それに賭けるのはギャンブルですが、それで生き延びた人もいないわけではないでしょう。一時的寛解でしかない可能性もありますが、（その治療の有無に関わるかどうかを別として）ひとりでに治ってがんが消えるということもあるといいます。

何しろその療法をしなかった場合がどうだったのか、するかしないかは二者択一なのだから、いくらそれが有効だったという人がいても、そこには別の理由があったかもしれないのです。とりわけ、余命数ヵ月といわれて病院が緩和ケアしかしてくれないときに、患者は死を受容することを強要されているわけで、――そんな理不尽なことを強制されているわけで――、生はいつも生き延びることの方を選ぼうとするのですから、代替療法や民間療法に向かうのは当然のようにも思えます（いわゆる「がん難民」です）。

ともあれ、辛い治療を受けてもそれでも死んでしまうくらいなら、自分で判断し、できたら楽な治療で、かつ命が救われるということを期待するのが当然です。つまり、代替療法や民間療法に頼る人たちが出てくる理由の一つに、病院の対応の不条理ということがあるのです。押しつけられたにせよ命が救われる人がいる一方で、理不尽な強引なスケジュールのもと、拷問のような検査や治療が行われ、それに虚しく苦しめられながら亡くなっていく人がいるのだからです。

医師たちは、公認された最善のものである「標準治療」を行っている限り、医療側の便宜を優先する順番や日程を決定する病院のシステムに従って死んでいく人たちがただ不運だっただけだと考えてはいないでしょうか。医師たちが標準治療と病院のシステムに従うことを強く要求すればするほど、患者を代替療法や民間療法へと追いやっているともいえるのではないでしょうか。

代替療法や民間療法に頼る人を騙《だま》して高額請求をする人たちがいるというが（それも酷い）、だからといって、それを愚かだといって患者を非難すべきではありません。白血病であることをカミングアウトした水泳選手が、手かざし療法を受けたということでネットが炎上していましたが、何ということか！——それは、患者がそこまで追い込まれているということなのです。患者がそうした過酷な状況にいるということをこそ、人は理解すべきではないでしょうか。

†病院のスケジュール

病院の対応に不条理があるとは、どんなことでしょうか。

一つに、私の罹《かか》った病院では、各診療科の連携があまりうまくいっていないように感じられました。関連する症状によって他の診療科の診断が必要とされるとき、医師どうしで連絡はしているようですが、私の病状に応じて迅速にスケジュールが決められるという風ではありませんでした。

例えば麻酔科の指示で行かされた口腔外科では極めてスムーズに診察してくれましたが、あっという間に親知らずを抜歯するという、直接は今回の病気とは関係ない手術をされようとしました。

他方、大腸外科の指示で行かされた泌尿器科では、あくまでも外来初診の患者とみなされて入院中には診察してくれず、その後もその科の標準のゆったりとしたスケジュールを取ろうとしました。私は大腸外科で聞いた診療スケジュールを自分で説明して交渉するという、伝言ゲームのようなことをしなければなりませんでした。

——その結果ということですが、ある日のこと、九時四十五分の予約だったので九時半に病院に着いて待っていたのでしたが、泌尿器科での診察を受けたのは十一時十五分でした。午後の大腸外科の診察の予約が十四時十五分だったので、昼食をとった後、十三時から待っていましたが、診察を受けたのが十六時半でした。さらに、その後一時間近く、会計をするために待たされました。

九時半から十七時半までのあいだ、合計十数分の診察のために、私は病院のずらっと並んだ殺風景なベンチに、他の患者たちとともに、ひたすら座っていなければならなかったのでした。

本を読んでいる患者もいましたが、それは随分と通い慣れた人なのでしょう（そんなことに慣れていいのかとも思いますが）。何割かの患者は夫婦で待っていましたが、そのように付き添いのある人はまだ幸福でした（付き添いをしている人が内心の不満を持っていないのであればではありますが）。私はといえば、妻に付き添いを頼むことはしませんでした。私にとっても辛《つら》いその時間を、私と一緒に過ごして欲しいとまでは思わなかったからです。どうしても頼らざるを得ないときのためにそれを取っておきたいと思いました。それで、私はその虚《むな》しい時間を一人で過ごしていたのでした。もし病気でなかったら、それだけの時間を待ち続けることはできなかったでしょう——病気だっただけになお一層辛かった。こんな惨《みじ》めな一日は、ありませんでした。

つまりは、この大学病院では、それぞれの診療科の権威や都合の方が患者の状態よりも優先されているようなのです。あたかも、それぞれの診療科が一個の病院のように振舞っています。何のための総合病院なのでしょうか。統制部署、調整部署がないかのようです（「総合病院」ではなくて「雑居病院」ですか？）。

もし患者が積極的に医師に希望しない場合、この病院では、それぞれの診療科のスケジュールに従って検査や処置が数カ月かかります。同時進行で組み合わせて順序を決めれば数週間でこなすことができると思うのですが、そうしていないあいだに、例えば放射線を受けると近接箇所の放射線は不可能になる、あるいは近接箇所にがんがあった場合に、診療科が違うというだけで二度の手術をしなければならなくなるなど、患者がより穏当な治療機会を逸するということも起こります。実際、私には前立腺がんも後で見つかるのですが（何という追い討ちか！）、その治療法としては、その時点では、すでにホルモン療法しか残っていませんでした。

私は、複数の診療科の診察を繰り返し、それぞれの医師に他の診療科の医師の意向を伝え、いわれたままなら数ヵ月かかるところを一ヵ月半に縮めることには成功しました。ですが、それでもいくつもの治療機会を逸してしまったのでした。

患者の病状が複数診療科に関わる場合には、すべての診療科の医師が集まって、最も素早い、重複のない検査と診療とを決定し、その最短で患者の負担が少なくなるスケジュール管理を、病院側で、診療科を超えた組織のもとで行って欲しいものだと思うのですが、それはないものねだりなのでしょうか。各診療科では一々他の診療科の教授の同意が得られなければ先に進めなくなっているようでした。

こちらの状況が病院に分かっていて診療方針も決定されているにもかかわらず、「この処置をしようとする場合、検査してその後一週間かかり、その上でさらに一週間かけて診療方針を決定するのが決まりですから」などと、形式的に絶えずリセットされるようなことをいわれると、そのうち、患者は怒ることもできなくなります。ただ悲しくなってしまいます。手続きの過度の正しさは、患者から、治療される時間とタイミングと他の療法の可能性を奪ってしまうのです。

なるほど、検査しないと治療方針が決められないというのはウソではありません。ですが、検査が完璧に病気の状態をあきらかにするものではない以上、程度問題のはずです。見込みで処置して間違っていたら大問題になるところから、そうしたマニュアルができているのでしょうが、その結果、患者の置かれている具体的状況は配慮されないことになります。

がんの疑いが見つかった患者は、誰しも大至急検査してもらいたいものですし、がんが見つかったら即座に対処して欲しいと感じます。検査に数週間待たされ、治療方針を決めるのに数週間待たされ、手術に数週間待たされるというスケジュールでは、そのあいだにがんがリンパ腺の流れや血液の流れに乗って、体中の器官に転移してしまうのではないでしょうか……。ちなみに、私の場合、一月末にがんが見つかって、あいだに放射線治療の一カ月間が挟《はさ》まりますが、手術は五月末でした。

統計的には、その数カ月は決定的ではないのかもしれません。とはいえ、一定数の患者のがんがそれで転移している可能性がないわけではありません。もしこれが火事のような場合ならどうでしょう。煙が出ているのを確認するのに一カ月、鎮火するために一カ月という期間を設けるのでしょうか。

病院は、――患者が真に死にそうになれば別でしょうが――、なぜこうもゆったりと構えているのでしょうか。医師たちがそれぞれに自分たちの診療をゆとりをもって完璧なものにすることばかりを念頭において作られたシステムなのでしょうが、それでは他の診療科の協力を必要とする患者の状態は、どんどん悪くなっていってしまうのではないでしょうか。

医師たちの過重労働や無給医の存在が知られている一方で、病院は、――患者の症状に休日や時間外がないにもかかわらず――、外来に不便な特定の時間帯（しかも呼んだら必ず待合室にいるように早めに来させる時間帯）を指定していたり、ゆったりと休日を取ったりしています。病院の中に、仕事をしないで給料をもらっている人たちや、合理化や機械化に反対している人たちがいるのではないかと思うのは穿《うが》ち過ぎでしょうか。

病院は待たされて当然だなんて、誰がそうした常識を作ったのでしょう。おそらくは医療を患者への施しのように捉えた旧世代の医師たち、医師をちやほやしておかないといい治療をしてもらえないと考える旧世代の患者たちがいたに違いありません。『宙ぶらりんの男』（ソール・ベロー）というアメリカ小説がありました。ベトナム戦争へと召集されながら、出頭する日程が決まらずに日々を過ごしている男の話です。何のために、死ぬかもしれない戦場へと向かうのか……。

逆に、患者が自分の仕事や生活の必要から日程を決めようとすると、病院はスケジュールを後回しにするとか、あるいは診療しないことを暗示するとかして患者を脅かします。そんな病院なら、他の病院に移ればいいようなものの、そこでまたおなじことが繰り返される可能性があるのです。一日中待たされて、新たにその病院でもう一度検査が必要といわれ、それが三週間後だといわれたりしそうです。

患者は自分の病気を質に取られているのです。時間が経てば経つほど悪化する可能性がある以上、たまたま罹った病院の指示に従うほかはないように追い込まれていってしまうのです。

そもそも患者は、体に不調があるということ自体が受け容れ難いので、どうか検査して欲しい、処置して欲しいと望んでいるわけではありません。ただ、その不調を取り除いて欲しいだけなのです。医師がいう以上は、検査や処置をしてもらう方がいいとは考えるのですが、それが過剰診療ではないか、無駄で苦痛に満ちた処置ではないかと疑っています。

だから患者が願うのは、一旦病院に行こうと思い立ったなら（それが結構大変なのです）、その後は即座に検査され、説明され、スムーズに治療が開始されることです。遅れるとすれば、それは自分の症状や治療法の性質によるものだけにして欲しい——そうした医療システムが構築されるのは、不可能なことなのでしょうか。

†インフォームド・コンセント

他方、病院の対応の第二の問題点ですが、「インフォームド・コンセント」という生命倫理概念があります。患者に十分に情報を与えたうえで、医師と患者の合意によって治療方法を決定するという意味です。それ以前にはすべて医師に任せておいて、結果が悪くても泣き寝入りという状況が普通だったのですから、治療方法の決定に患者の同意が必要とされるようになったのは、悪いことではありません。

「タスキギー実験」といわれるのですが、黒人患者を二つに分け、一方には薬を与え、他方には与えないという実験を、患者に知らせることなく行って、黒人差別だと大問題になったことがありました。黒人差別というだけではなく、患者に対する人権侵害だと、後でさらに問題となりました。患者に治療内容を知らせないままに医師が治療を進めるのは問題だと認識されるようになったわけです。

今日では、インフォームド・コンセントは確立されましたが、しかしその実態としては、検査や手術をする度に、何枚かのびっしりと文字の書かれた文書を渡されて、「同意します」とのサインをする手続きが介在するようになっただけのようにも見えます。その文書を詳しく読むと、そこには恐ろしい副作用や死亡率が書いてあって、決してサインしたくなくなってしまうような代物《しろもの》です。とはいえ、傍《そば》でじっと待っている医師の視線のもとで、（いたたまれなくなって）患者は大して読まずにサインをするのです。

では、この手続きによって、何が変わったのでしょうか。もし、医師が治療に失敗したとしても、その同意書によって、患者もその危険性を知っていたのだから、医師の責任ではないということになるでしょう。以前のようにすべて医師任せであったなら、結果が悪かった場合は医師の責任ですが（アメリカだったらすぐに裁判になる）、今では患者にも自己責任があるということになります（なるほど医師と患者は対等なわけです）。

ですが、実際のところ、医師は多くの病状の実例を知っていますが、患者にとってはほとんど初体験なことばかりであるという差は大きい。どんなに病気とその治療法について説明されても、患者はなかなかその意味を理解できないし、ましてや最良の治療法や覚悟すべき副作用などについて、（医師が他の治療法を列挙しないことも多く）正確に判断できるわけがありません。医師の誘導する治療法に従うか、他の病院に移るしかありません。だから、インフォームド・コンセントをもって対等であるとはいえないのです。しかも、それで一旦同意したら、患者は医師の指示に完璧に従う義務があるというのではあまりに片務的です。それでは、同意書は、奴隷になる契約のようなものではないでしょうか。

少なくともこれだけはいいたい——診断を下したその場で治療法を告げ、その同意書にサインを求めるのはやめて欲しい。患者には、どんな治療法があるかを調べ、その病院でそのような治療を受けるかどうかを決める時間が必要なのだからです。逆に、検査については、疑いを見つけたその場で、――予約で一週間待たせたりせず――、即座に始めてもらいたいものです。

医師たちは、最初は深刻な病気ではない可能性があるといって検査を受けさせ、それほど大変なものではないといって治療を開始し、後戻りできない時点になって、患者が苦痛をもって実感しているさまざまな副作用や後遺症について、予後が悪い場合のさらなる治療法について語り始めます。

それでもなお、医師たちは副作用や後遺症、予後の悪い可能性については、あまり具《つぶさ》には語りたがりません。それを語れば語るほど、患者は医師の勧める治療法から後ずさりしていくからなのでしょう。患者が検査も治療も受けなくなってしまうという心理的プロセスがあるからなのでしょう。

医師たちは無責任だともいえません。患者の目前の苦痛に関心が乏しいだけであって、医師の本来の仕事は患者をがんで死なせないようにすることなのだからです。

しかし、患者は、次の状況を予期する知識もないままに、一つの治療を受け容れればその副作用や後遺症、さらにそれに続くもっと過酷な治療や取り返しのつかない治療へと、否応なく追い込まれていきます。それこそが、特にがん治療の実態です。経済状況にも人間関係にもそうした袋小路への道がありますが、がんはその最も典型的な事例なのです。

だからこそ、インフォームド・コンセントは単純ではないわけです。患者にとって、病気を思考することは、自分が病気であるという、思考するのに困難な状況にあるだけに大変なのです。患者は、毎朝何とかしようと思いながら目覚めつつ、副作用や、新たな診断や治療に打ちのめされ、それでも次の朝には何とかしようと思います。それは、意志の強さの問題なのでしょうか、生きる気力の問題なのでしょうか。

いずれにせよ、人の思考は状況に左右されます。何度も打ちのめされるうちに、生きる意欲は失われていきます。それで、ただ医師の方針に盲目的に従うようになったり、治療そのものをやめてしまうようになったりするのですが、医師たちはそのような患者の心の移ろいを、どこまで知っているのでしょうか。

†ある医師との会話

私の場合も、検査入院からそのまま手術へと進んで欲しかったときに、厚生労働省の指示により、一旦退院して一週間以上待たなければならないと告げられました。理由は分かりませんが、儲《もう》け主義の病院を規制するためだということです。それで不便を感じる多くの患者がいることは棚上げされているわけです。

逆に、最初の検査入院では、その途中から放射線治療が始まりました。病院の一室に案内されて、医師の書くメモを見せられながら、大腸がんのステージ3bなのだから、放射線を受けてから手術をするのがベストだといわれました。

単なるポリープではないかとの淡い期待を打ち砕かれた直後の放心状態で、いわれるままに放射線治療を受けることになったのでしたが、その副作用が出た頃になって、それがベストであったかどうかの迷いが生じました。

放射線を一度浴びると五年はその周辺の臓器に対する放射線治療ができないということも、放射線治療をすると、それによって将来新たながんが発生するかもしれないということも、その頃になって知りました。本当にそれをすべきだったのか——事前には知らなかった強い副作用があったことも含めると、今でもそれを受け容れるべきだったかどうか、私には分かりません。例えば私が十年後に、放射線が当たったせいで例えば膀胱がんになって死ぬのなら、そのときそれが運命だったと考えるのは難しいことです。

他の病院で行われている重粒子線治療の方が、費用はかかりますが副作用も少なく、期間も短く、場合によっては手術なしで済ませることもできたかもしれなかったのですが、そのときはすでに手遅れでした。そのことを医師に尋ねたとき、医師からは「エビデンスがない」といわれました。私としては、放射線治療を提示されたときに、この病院ではやっていないがそうした治療法もあるという情報も欲しかったと思います。

——私はそのようなことを遺漏なく質問するために文書にして持参し、「患者の心でどのようなことが起こっているか知っておいてください」と述べて、それを医師に渡そうとしました。ですが、その医師はそれを受け取ろうとはしませんでした。なぜ受け取らなかったのかと、私は訝《いぶか》ります。患者を安心させるということは、治療の一部なのではないでしょうか。

私の願望に対して「エビデンスがない」と撥ねつけ、もし彼の勧める治療をしなければ「ミゼラブルなことになる（ママ）」といって脅かし、最後は「時間がない」と私の質問を遮《さえぎ》ったこの医師も、私の治療が進むにつれ、心配したり喜んだりしてくれているのが、言葉の端から読みとれました。入院日程を、私の都合に合わせてくれたりしました。悪い人ではなかった、言葉が足りなかっただけなのです（とはいえそのような対応では、かえって患者を代替療法や民間療法に追いやってしまうのではないかと思いますが）。

なお、その病院の一角に「がん相談窓口」という旅行社のブースのようなものがあって気に掛かっていましたが、いつもそこには誰もいませんでした。がんを告知された後、治療が始まる前にそこに行けばよかったのではないかとも思います。そのブースで、がん一般の知識を解説して、その病院で行っていない治療も含めた選択肢や他の病院への紹介も行ってくれるのなら、ぜひそうしたことをやって欲しいものだし、告知した医師こそが、患者にそこを訪ねるように指示して欲しいものだと思います。

†治療の主体

結局のところ、私は大学病院で医師たちが提示する治療法をすべて受け容れたのでした。何度となくレントゲンを受けましたが、普段だったらそのために受けた放射線でがんになることを怖れたでしょう。しかし、生き延びるということを大前提としたら、医師たちの推論は、どれも間違っているとは思えませんでした。手術に失敗しないために、度重《たびかさ》なるレントゲンやCTやMRIも必要でした。

とはいえ、それはその場で緊急避難（命に関わるなどの特別な場合に超法規的な措置をとること）として受け容れたものでしたから、後になってから心配になりました。副作用や後遺症や将来の別の病気の発症があり得るということ、他の治療法もあるということ、そうした情報はみな、後からしか入手できなかったのです。

私は、それらの検査や処置が大間違いだったとまでは思いませんが、しかし心の隅では、打ちのめされている自分を感じました。私は結局は説得されただけで、私の意見や判断をそのプロセスに介入させることができなかった。そのことだけでも私は傷つき、生きる気力も失いそうでした。

社会学者ゴッフマンによる「施設神経症」という概念があるそうですが、病院のようなところでは、患者は意思を無視されて、指図されるばかりの生活の中で無気力を学習してしまうのだといいます（『アサイラム』）。

そういえば、入院時に手首につけられるバンド。投薬や手術で患者を取り違えないためにバーコードを記してあるバンドは、はさみで切るほかは外せないようになっています。患者たちは、家では普段着で歩き回ることのできるような容態であっても、それを付けてお揃《そろ》いのパジャマに着替え、ベッドに寝ているしか、病院には居場所がありません。すべては医師と看護師たちの指示通りに生活し、独自のことをしようとするときには、何であれ許可を得なければならないのです。その意味で、手首のバンドは、患者が施設の囚人であることを象徴しているように思われました。

大病院は、どこかおかしいのです。インフォームド・コンセントの理念が機能していないばかりではありません。少し質問をするだけで、多くの医師たちは戦闘モードに入ってしまいます（私の態度のせいか？）。自分が考えている医療方針を否定しようとしているのではないかと疑い、患者を強引に説得しようとし始めます。本当は彼らも自分の治療方針が絶対ではないことを知っていて、それが知られることを怖れているのではないでしょうか。

――特に前立腺がんの生検のときがそうでした。針を刺して一八箇所から細胞を取るといわれ、思わず「怖いですね」といったら、医師は「さっき何といいました？」と詰問口調になりました。小学生に向かって、授業をしっかり聞いていたかというような問いです。いい澱《よど》んでいると、「輸血するほどの大ごとになるのは二年に一回です」と答えを教えてくれました。しかし患者は内心、「ではそのときからそろそろ二年経った頃ではないか」と考えます。だから怖い。そのようなものではないでしょうか――「絶対安全などない」（ウィトゲンシュタイン『倫理学講話』）のです。

私はここの泌尿器科はやめにして、――病院まで通う距離が遠いということもありましたが――、別の病院に移ることにしました。そもそも臨機応変にスケジュールを変えて、大腸の手術前に生検をしてくれていたとしたら、前立腺がんに対する治療法がもっといろいろあったはずなのです（紹介状を書いてくれた若い医師は気の毒そうにしていましたが）。

いずれにせよ、医師たちの強気の権威高い口調に、私はサンドバッグのように打たれ続けます。私の体に病気があるからそれに耐えるしかないのですが、あたかも病気が私の責任であるかのようです。愚かな行動の結果としての病気もあるでしょう。ですが、大抵の病気は不運なだけなのです。

医師は病気と治療に関する圧倒的な情報をもち、その資格によって薬の処方や手術が許されており、入退院を含めてさまざまな権限を持っているのですし、患者の方には、病気があるのは自分が逃れることのできない自分の体内であるという大きなハンディキャップがあります。

議論においては、医師は患者よりも圧倒的に有利な立場にあります。

強気の権威高い口調で説得されるのと、自分が納得するのとは別のことです。説得された場合は、論理的には正しいにしても何か裏があるのではないかと疑っていますが、納得する場合は、自分もそれに向かって最大限努力しようと考えます。この差は小さくはないはずです。医師免許の条件に、一年間文学部のゼミに参加して、多様な意見を聞いてそれぞれの考えを尊重しながら説明する姿勢を身につけるという条件を付け加えてもらいたい気がします。

患者は、医師の勧める施術とその予後に対して覚悟をするにしても、覚悟するには時間がかかるのです。理論に従ってする推論に時間はそれほど必要ありませんが、将来に起こりそうなすべてのことを引き受ける気になるためには、時間がかかるというより、「時間が経つ」ということ、それによって現実の出来事が自分に舞い降りてくるということが必要なのです。

病気に苦しみ、そこからの恢復を願う患者こそ治療の主体であるように、――決してそれをもって患者の自己責任が生じるというのではないようにして――、むしろ病院の方がはからうべきなのではないでしょうか。

†病気との戦い

病院が、なぜこうした事態になってしまっているのでしょうか。

もとより近代医療は、「患者の命を救うためにのみ働く」というヒポクラテスの誓いという伝統のもとにありながらも、——野戦病院から出発したこともあって——、「病気と戦う」という別の目的へと進んでいったと、現代フランスの哲学者、フーコーが説明しています（『臨床医学の誕生』）。医師にとって、病気とは戦うべき「敵」なのです。

それが結果的に新たな治療法の確立に寄与して、患者の命をより多く救うことに繋がったのではあるのですが、しかしその途上で多くの「戦死者」を出してきました。病気と戦う医療は実験の連続であり、どんな手段をも試してみたい医師たちは、——作戦司令室の将校たちと同様に——、勇敢にも患者が死ぬことを恐れなかったからです。手術は成功したが患者は死んだ、抗がん剤で苦しみながらも数カ月延命させたといった治療成果！

今は患者本人が選べるとはいえ、「前門の狼と後門の虎」、こうした究極の選択がインフォームド・コンセントの実態です。

生命倫理を、善や正義を論じる倫理学の単なる応用問題だと解している倫理学者たちにもいいたい。患者における病気と、それによる死の意味づけを、単なる個人の意思や病院での手続きにのみ帰するのは、患者には荷が重過ぎます。

インフォームされ、多様な治療方針とその結果と副作用の可能性を知り、患者が真に同意するまでには、受け容れる覚悟をしたり、どうしても受け容れられないという結論を出したりと、気持が移り行く長い時間と周囲の人々との応答とを必要とします。

病気の人は、健康な人どうしの商取引の場合のように、その場で決断し、責任を引き受けられるような精神状態にはないのですから、まずは医療体制に組み込まれた個人が、自分の病気について思考することのできる、ゆとりのある場が与えられていなければならないでしょう。そのような条件が整っていない場合に、個人に決定を委ねるべきではないでしょう。実際、そのような条件が整っていないからこそ、形式的で紋切り型の「同意書」が跋扈《ばっこ》するわけです。

倫理よりも、社会制度としての「医療」について、考えてみなければなりません。今日なお、とりわけ大学病院は、治療そのものよりも治療法を研究し、チームとして医師を育てることに重点を置いています。そして、患者が、医師のする「病気との戦い」に参加することを要求します。しかし、その結果として患者の体に起こった不調については、よほどの瑕疵《かし》があって裁判して賠償を請求できるような場合にせよ、それでもなお、その不調を瑕疵のあった医師の体に転移させるというような魔術的なことはできないのです。患者自身が引き受けるほかはないのです。

病院においては、われわれは否応なく、はからずもギャンブルのようなことに参加させられます。しかも、担保は自分の命なのです。美辞麗句としていわれる「病気との戦い」とは、所詮こんなものなのです。

臨床医学は戦場から出発しましたので、「病気との戦い」という比喩は医療従事者にとって馴染《なじ》みあるものなのでしょうけれども、極端な話、兵士が何人死ねば勝てるかといった計算、勝利のための戦略と兵站における損失や消耗の計算は、生きている患者の身体には馴染みのないものなのです。

はたして自分の体を戦場にすることなど望む患者がいるでしょうか――できたらよそで戦ってもらって、自分には有効で苦痛の少ない治療法をのみ適用してもらいたいものではないでしょうか。だから、「病気と戦え」などと、患者には決していわないでもらいたいのです。

――サン＝テクジュペリの『戦う操縦士』というエッセイがありました。第二次大戦のさなか、彼は志願してドイツ軍への偵察飛行を毎日行っているのですが、偵察によって得た情報をどれだけ報告しても、敗色濃いフランス軍には何の打つ手もなかったのでした。

何のためにそれをしているのか――彼は飛行しながら、戦争とは何か、生きるとは何かを問い続けます。彼と同様に、私も「病気との戦い」に無理やり参加させられながら、がんとは何か、生きるとは何かを問わないではいられません。

サン＝テクジュペリは、ある日の飛行で消息を絶ったといわれていますが、病院での死は、――もしそういうことになったりすれば――、「ある日消息を絶つ」ということなのかもしれません。

病人と呼ばれる人間になるとは、どういうことだろうか。病気のさまざまな症状を訴えて、周囲の人や、医師たち看護師たちから特別扱いされるようになるということだろうか。そうではない。病気であるとの前提のもと、生活の全体が翻弄《ほんろう》されるようになるということなのだ。

†尊厳死

医師たちは、患者の「生活の質（QOL）」にはあまり関心がないように見えます。医師から見たQOL（クオリティ・オブ・ライフ）とは、せいぜい施術後の身体の不具合の程度のことです。どの器官や機能をあきらめて、どの器官や機能を残すかといった問題に過ぎません。

他方、患者には、患者が健康に過ごしていた日々、誰からも干渉されず、自分流のやり方でまずまずの満足を得ていた生活がありました。

お酒を飲みすぎたり、便秘になったり、眠れなかったりもしたでしょうが、風邪や腹痛といった病状も含め、自己流のやり方で解決し、より楽しい生活、充実した生活を目指していた日々がありました。体のことは忘れ、自分なりに賢く生きて、やりたいことをやっていました。生活の質とは、そうした生活が維持されるということだと思います。

俊才の誉れの高かった学兄の西村道一氏は、自分の抱えている問題を形にするためにお酒を飲み過ぎて、若くして肝硬変で亡くなってしまいました。残念なことですが、それも彼自身の生だったのでしょう。

ですが、それほどは飲まず、彼より長生きしてきた私にも、突如としてがんのような重大な病気が見つかったりします。となると、やはり遭遇するのは、放置すればまもなく死ぬという状況。患者の心の中では、死なないためにどうしたらよいかという思惑《おもわく》と、自分流の生活を維持したいという思惑が拮抗《きっこう》します。

それらが両立しないのはあきらかです。ですが、だからといって医師の勧める死なないための治療に専念し、どんな苦痛にも耐えるというような決断をするのは難しい――経済行動学も、人は将来の一万円よりも目先の千円を選ぶと教えているではないですか。

だから、――尊厳死（自己の尊厳を守るための死）といいますが――、病気の苦痛よりも死を選びたいとする人も出てきます。それは、しばしば治療によって生じた苦痛でもあります。みずから死を選ばざるを得ないほど追い込まれた人生において、確かにそうしたいような局面はあります。毎日、明日の方が今日よりもさらに悪くなり、それが終わることはないと見切られてしまったとき、人はどうやって生き続ける理由を見出だすことができるでしょうか。

苦痛にただ耐えるだけの生活であって、それが改善される見込みがないときには、死は最後の避難場所（アジール）となるのでしょう。多くの人は眠るのが好きですが、目覚めているときに誇りも快楽もないとすれば、安楽死（苦痛の少ない死）が一つの選択肢となるでしょう。

そこでは、死も生の一部です。こうした決断は、病気だけではなく、経済状況や人間関係でも起こることです。人生の成功が死によって消えてしまうのを人は厭《いと》いますが、そこでは逆に、幸いにして、人生の失敗が死によって消え去るのです。

自殺を罪悪としてきたのは、神から貰《もら》った命を自分で捨ててはいけないとするクリスチャンたちです。わが国では『曾根崎心中』（近松門左衛門）などに見られるように、自殺を美化する伝統もありました。どんな死だったのであれ、死んだ人を冒瀆することは許されません。したがって、尊厳死の是非を論じることよりも重要なのは、尊厳死を認める場合の問題として、遺産目当てなど、自殺の形を取らされる殺人を防止することと、――そもそも自殺を禁止する法律は不可能なのだから――、自殺幇助を禁止する法律の厳格な例外規定を設けることでしょう。

しばしば尊厳死を求める人のことが話題になりますが、わが国では判例によって消極的安楽死（治療せずに死に至らしめること）が認められています。至るところで「看取《みと》り」といって、治療をやめて患者が亡くなることが容認されています。本人の意思というよりは、やむを得ない事情ということで、周囲の人たちがそれを決めたりするのが、問題といえば問題ではありますが……。

†生活の質

死を考えるほどではないにせよ、多くの患者、とりわけがん患者は、そのQOLで苦しんでいます。他の病気の場合は、まず病気による苦痛があって、治療はその苦痛を取り除くという側面を持ちますが、がんの場合は、治療によって苦痛が生じます。放射線、手術、抗がん剤――私はそれらをみな経験しました。

それらには、予想以上の副作用がありました。どのような体調の変化も、さらには薬を飲んだり生活の手順を変更したりして起こる体調の変化も、恢復なのか悪化なのか分かりませんでした。友人が送ってくれたハーブティーを飲んでみたり、昼寝してみたり、漢方薬を飲んだり、ストレッチをしたりといろいろ試してみましたが、結局は意地悪な副作用が続くのでした。

そのことを医師たちにいうと、驚くほど気の毒そうな表情をして、多様な痛み止めの薬や軟膏を処方してくれました（そのいずれも大して効かなかった）。医師たちはそうした副作用を予想していなかったのでしょうか？——そうではないでしょう。人によっていろんな症状が出るので予想し難いということもあるでしょうが、そもそも彼らにその副作用を治す知識は乏しいようでした。治療が終わって、時間が経つことによってしか治らないとだけ知っていたかのようでした。

それにしても、病院で出す鎮痛剤や胃腸薬や軟膏といった日用的薬品類は、どうしてこんなにも効かないのでしょうか（しかも入院中は出してくれるのに半日かかる）。市販薬の方が、——それが資本主義というものでしょうが——、期待に近い効果を与えてくれます。とはいえ、「効かない」などというと、医師たちはもっと強烈で、それ以降は他の薬が効かなくなりそうな薬を処方しようとするものだから、うかうかとそうもいえないのです。

がんと戦うという以外の主題、副作用や後遺症の苦しさを抑えるという主題は、医師たちにとって二義的です——それが気の毒そうな、つまり他人事の、自分たちの責任ではなく患者の運が悪いのだという表情に出てくるのではないでしょうか。

QOLについては、医師に責任があるのか、患者に義務があるのか？——その問いは違っています。それは、嚙み合わないというだけなのです。

がんになったことのない医師たちと、手術されたことのない看護師たち――病院では、「こうすればああなる」、「こうすれば大丈夫」などといわれながら、さまざまな処置をされます。しかし、その知識はみな伝聞です。現に感じている辛さを感じたことがないままにいわれるその言葉を、患者は信じてみることしかできません。

医師や看護師たちと患者との温度差――彼らも治療がうまくいけば「やった」と思うでしょうし、そうでなければがっかりするでしょう。ですが、生活の苦楽、生き死にに関する喜びや悲しみは決定的に違っています。

――あるとき、患者と看護師がいい争っている声が聞こえてきました。その患者は出した尿の量を看護師に報告するのを嫌がっているようでした。確かに紙コップに取ってその量をメモするのは、体がきつく、排尿したい気分のときには面倒です。

それで歳老いた患者が、若い看護師から叱責されています。「それをしないと重大な体の変調を見逃すことになるんです」と看護師は大きな声を上げます。ともかく患者が指示通りに行動することを求めているのです。患者の気分をよくさせることよりも、医師の指示通りになっていることの方が重要なことのようなのです。

私にも似た経験がありました。手術直後の真夜中でしたが、痛みを覚えてナースコールを押しました。痛いときには遠慮せずに痛み止めを使うようにと医師からいわれていたからです。

やってきた看護師に「痛いです」というと、「痛み止めを使いますか？」と聞かれた。「だから呼んだんですよ！」と内心思いながら頷《うなず》くと、看護師は三つの薬品名を挙げて、「どれにしますか？」と尋ねてきました。三つとも聞いたこともない薬品でした。私は声を出すのも辛《つら》い状態だったのですが、思わず大きな声を出して、「看護師さん、患者にそれを判断しろというんですか？」といいました。手術直後の痛がっている、しかも鎮痛剤を使うのが初めての患者にそんな判断を求めるとは、一体どんなマニュアルなんだろう？

私は、ないものねだりをしているのでしょうか。医師たちの勧めに従って、私はがんで死ぬことがないようにしようとする治療を選んだのであるのに。

だから、くれぐれも間違ってはならないのです。治療をする場合に勇敢なのは、医師よりも、患者たちの方なのであるということを。みずからの死の可能性を含め、治療に伴う治療以外の一切を引き受けることになるのに、医師たちに不満をいわず、通常は、（大部分は）黙ったまま耐え忍ぶことを選んでいるのだからです。

医師たちも、自分の知識がおおよそ伝聞に過ぎないことをふまえるなら、どこかで誰かがとった統計ばかりでなく、眼の前の患者の訴えから学ぶこともあるのではないでしょうか。

†縛られたプロメーテウス

私は治療を受けながら、ギリシア神話における「縛られたプロメーテウス」の逸話を思い出していました（アイスキュロス同名戯曲）。

プロメーテウスは、「予《あらかじ》め知る」という意味の名前で、人間に火をもたらしたタイターン（半神巨人）の一人ですが、神へのお供えを大きく見せるというさかしらによって神に罰せられることになります。いっときは神をも欺くことのできた彼の「知恵」は、むしろそれがばれた後になって、それ以上の過酷な罰を受け取る理由となるのです。

プロメーテウスの受けた罰は、岩山に縛り付けられて、毎日ワシに肝臓をつつかれるというものでした。肝臓は再生する器官として知られていますが、一晩たって再生した肝臓を、プロメーテウスは翌日またワシにつつかれて、激しい苦痛に耐えなければなりません。

私にとって、がんは、あたかも「縛られたプロメーテウス」のように、一挙に知恵のもたらす善いもののすべてを奪い去りました。そして、プロメーテウスの肝臓をつつかれる苦痛と同様にして、手術や放射線や抗がん剤の、毎日繰り返される苦痛に襲われるようになりました。もはや哲学的思考などしているゆとりは、ありませんでした。

放射線は、それを発見したキュリー夫人が白血病で亡くなったように、身体を損なうことがよく知られています。今日の放射線治療は、腫瘍に向かって放射されてがん細胞にダメージを与えるのですが、同時に周囲の正常な細胞も傷つけます。傷つけられた周囲の細胞による障害が副作用として生じ、あるいはそこに新たながんが発生したりもします。

私の場合、手術する前にがんを小さくして再発転移の可能性を下げるということで、約一カ月間の放射線治療を受けさせられました。毎日往復で二時間半かけて病院に通うというのも苦痛でしたが、途中からとんでもない副作用が出始めました。肛門の周囲が爛《ただ》れ、排便の度にそれが切れて出血し、激痛が走るようになったのです。そして排便後、五時間近くそれは痛み続けました。

私はトイレに行きたくなるたびごとにその痛みが予想されて、――行かないでいる訳にもいかないので――、信じ難いほどの勇気を奮い起こさなければなりませんでした。そして、その後も、ひたすらソファに座ったり立ち上がったりして時間が経つのを待つしかありませんでした。最悪のときには、痛みが増すにもかかわらず、苛々《いらいら》して部屋の中を熊のように歩き回りました。それが手術までの三カ月間続いたのでした。

こんなことばかりでした。体の表面には、痒《かゆ》いところや痛いところ、肩凝りに耳鳴り、頭の中でセミが鳴きます。ほとんど気にしていなかった虫歯が突然痛み始めます。そしてまた片方の膝が痛み始め、歩きにくくて仕方ありません。

気にしすぎているのだと思うのですが、いつもと違う振舞い方をしては失敗して、そうした部位を作り出してしまいます。もしかすると、体力が落ちたせいで、身体全体の調整がうまくいかなくなっていて、普段だとすぐ治るさまざまな症状が強まってしまうのかもしれません。あるいは、そうした部位に注意を向けることによって、がんそのものから目を背《そむ》けようとしているのかもしれません。

こんな状態なものですから、がんになって以来、目にする風景がいつもどんよりとしていて、部屋の中も雑然としていると感じられるようになりました。何もかもが乱雑になっているという感じがするのに、片付けようという気力が湧いてこない。放置され、仲間はずれにされ、何もしないままにいる日々。自分の部屋をゴミ屋敷にしてしまう独居老人たちも、似たような状況にあるということでしょうか（手際よく物を扱う人たち、優雅な仕草をする人たちの、何と元気で体力がないとそれができないことかと実感します）。

私の知覚は、外界の対象から体表面にまで後退してしまい、あたかも壜の底から世界を眺めているかのようです。これまでは、自分より若い人たちを右に左にと素早く追い越しながら歩いていたものでしたが、今やとぼとぼとしか歩けない邪魔な年寄りになってしまったのです（おしゃべりは相変わらず早いようですが）。

†抗うつ剤

こうしたことを医師に訴えれば、精神科に回されて、抗うつ剤を処方されてしまうのがおちです。私には、いつでもうつ病と診断されそうな、変な自信があります。抗がん剤の副作用としての、体のいいようもない気だるさも、むしろうつ病の症状なのかもしれません。

しかし、精神科で与えられる病名は、——原因が特定されないのが普通のことなのだから——、処方する薬によって決められるだけのものなのです。

私はうつ病なのではありません。憂鬱なだけです。術後うつ病というものがあって、四〇％がそうなるという説もあるのですが、わたしもうつ病と診断されそうな心の状態になりながら、それには抵抗します。「うつ」と薬の泥沼に引き込まれてはなるものかと思います。

そもそもがんになって憂鬱にならない人がいるでしょうか。死への不安とさまざまな身体的苦痛を感じながら、憂鬱にならない人がいるでしょうか。それは、薬が癒《いや》してくれるようなものではないのです。受容と希望とが治してくれるものなのです。

以前の眼の手術のときは、そのことを知りませんでした（私は十年ほど前に「黄斑円孔」という病気で手術を受けたことがあります）。不安で眠れないと訴えると、いつのまにか鎮静剤のようなもの（睡眠導入剤）を飲まされることになり、後でその依存症から脱却するのに苦しい一カ月を過ごさなければならなくなりました。

鎮静剤は驚くほど効きます。心を落ち着かせてくれます。当時は片目が失明していて、一カ月のあいだ眠れない日々が続いていたのに、それを初めて飲んだとき、一瞬で眠りに落ちることができました。しかし、あとで分かったのですが、それを飲むのをやめると興奮状態になってしまい、——身体についての不安ではなく薬のことばかりを考えてしまう不安で——、以前よりも眠るどころではなくなってしまいます。強制的に鎮静の水準を引き上げているらしいので、薬なしでは、あたかも事故にあったときのどきどきするような感覚になってしまうのです。

鎮静剤は一回飲むと三日間は体内に留まるそうですが、その結果、自分で思っている三倍量を摂取していることになります。一日やめるとそれが三分の二となって、興奮状態が始まり、理由のない「あせる気持」が湧き起こってきます。冷や汗をかき、イライラします。静かなリビングで体は安楽にソファに沈み込んでいるのにもかかわらず、閉まってしまった踏切の中に取り残されてしまったような感じです。そのような状態に耐えられず、薬をやめることができないのです。

ついに私が「薬をやめたい」といったとき、担当の精神科医は、「普通は定年退職して一日何もすることがなくなったような人がすることだ」と、あっさりと否定しました。

そんなことはまったく聞いていなかったという強い憤りを感じながら、それでも私は、どのようにしたらよいかを尋ねました。その答えは、週ごとに薬の量を半分にして、一週間耐えて慣れるということを繰り返し、四週間ほどそれを続ければよいということだった。

アクションドラマの中では、麻薬に冒された主人公が、数日間苦しみにのたうち回りながら耐えて、やがて元気になり、勇ましく敵に立ち向かっていきます。ですが、実態は、私の場合のように、弱い薬であってすら、地獄のような一ヵ月でした。私はその医師の顔を二度と見たくないという怨念とともにその一ヵ月を過ごしました――むしろその怨念があったからこそ、薬から抜け出すことができたのだと思います。

薬をやめなかったとしたら、どうだったでしょう。一生飲み続ける、ただそれだけのことではないでしょうか。生活が少し面倒臭くなっただけではないでしょうか。

とはいえ、薬でもたらされる精神の安定においては、精神は密かにその薬のない場合の気分の荒波を予感しており、否、薬のために、自分がもともと薬を飲んでいない人よりももっと酷い悪天候の感情生活の中で生きていることを知っており、それで薬をやめられない人も多いように思います。その薬をやめるためには死ぬ以外の道はないというほどに、精神はそのとき、水面上の嵐から隔絶された深海の潜水艇のような一室で、孤独に安らいでいるのです――とすれば、尊厳死とは、いわば永久鎮静剤を飲むようなことなのかもしれません。

†カミングアウト

地下鉄の中で他の人々に抱いた気分についてはすでに述べました。がんに罹った私は、群集に対してすら、対峙させられているような気がしていました。私がこの世界から一人取り残されているようでした。

ある水泳選手が白血病になったことをカミングアウトしたとき、ネットでは「頑張って、必ず治る！」といったような、あまりにも軽いエールが飛び交っていたものでしたが、がん患者になるということは、たとえステージ1であったとしても、試験に合格することや、スポーツ大会で優勝することとはまるで違います。頑張るまでもない、患者は嵐の大海に翻弄される小舟のように、ただそれに耐えているだけです。いわば、自分の身体の囚人となってしまうのです。「闘病」とすら呼ぶべきではありません。治療を続けているのは頑張っているのではない、今を凌《しの》いでいるだけ――それとは違う何をしたらいいかが分からないだけなのです。

自由とは何なのかと思います。今の、この社会は自由の社会です。病気になる以前は、私は自由でした。怠惰であろうと、眼の前の快楽を追っかけるだけであろうと、依存であろうと、――おとなになったあとには――、それを咎《とが》めてやめさせようとする人はいませんでした（何を隠そう、私は夜中に一人で起きていること、自分がそこへと沈み込んでいく静寂の中の孤絶感が大好きなのです）。

ですが、身体に囚《とら》われてしまったとしたら、そこに自由はありません。したいことができない。「したいこと」とは、（健康な人にとっての）怠惰や快楽や依存ではありません。生きるということです。生きようとする意欲を実現していくことです。生きていくための活動——ここにも「病気の人の国」と「健康な人の国」の断絶があります。「健康な人の国」に属する人の自由など虚しい、それは真に自由を求めている社会的弱者たちから横領された理念なのです。

自由に乏しい弱者にとっては、誰からも関心を持たれていないということは、さらに一層自由がないということです。だから、誰かに病状を知ってもらい、心配してもらうことは、自分が一人ではないという気持が生じてきて救いになります。しかし、人々は、最初は社交的に熱心に聞いてくれるにしても、興味本位であったり、一般化して悲劇の物語にするだけで終わったり、あるいはただ自分の参考にするだけであったりするでしょう。

しかも、これを度々繰り返すと、相手も慣れてきて鬱陶《うっとう》しくなるに違いないし、愚痴として聞かれるようになってしまうかもしれません。それで、やがてはただ「体調があまりよくない」という抽象的な表現で抑えてしまうようになります。がんであることをカミングアウトするのはいいですが、具体的で細かい症状や治療については、聞かれても、漠然としたいい方で細部に立ち入らない方がいいかもしれないと思ってしまいます。

本当に心配してもらうにはあまり多くを語らない方がいいかもしれないのです。相手にはそこまでの関心はありません。がんでない人は、がんを知りません。どんなに詳しく説明しても、下手な想像をして哀れまれるだけであったりするとすれば、それも寂しい――そんなわけで、がん治療がどんな風に辛いのかが世間にあまり知られていないに違いありません。

「助けて」といわなければ助けてはくれないのでしょうか、「辛い」といわなければ辛さを想像してはもらえないのでしょうか？――患者の、甘えと絶望の交錯があります。自分ががんであることが知られている相手に対しては、気にしないで欲しいという気持と、心配して欲しいという気持が交錯します。がん患者は本当に扱いにくい。がん患者は本質的に孤独です。人の生のように孤独です。

†家族

だからです。家族がいるということが、患者にとっては救いとなるのです。

結局、患者にとって真に病状を知ってもらいたいのは、家族など、本気で心配してくれるのが確かな人だけです。その人たちの、自分に生きていて欲しいと思う気持が、本人の生きる意欲にも繋がるのです。

しかしながら、家族の側からするとどうでしょうか？――これまでは一緒に生活を支えてきたメンバーが突然として重荷になる。その皺《しわ》寄せが来るばかりでなく、患者を配慮したり、世話してやったりしなければならず、かつ一緒に楽しんできたことができなくなります（この箇所を借りて妻に「すまない」と「ありがとう」の言葉を捧げたい）。まして、患者が家計の担い手であったりすると、家族の未来は、重苦しい不安なものとなるでしょう。

余力ある家族からすると、一人の患者を担うことは負担の相対的な増大に過ぎませんが、患者からすると、いずれにせよ家族に負担をかけ過ぎてはならないという想いがあって、そこに深い峡谷ができます。まして、経済的余力のない家族からすると、患者が出ることは家庭崩壊の序章となるのです。

家族こそ、今日、「健康な人の国」と「病気の人の国」の国境地帯です。現代の行政は、患者ばかりでなく、子ども、老人、障害者、経済的弱者の支えを、家族という社会集団に押しつけようとしています。個人を隔離排除するか、それとも家族ともども隔離排除するか、家族をその前線に置こうとするのです。

例えば、知的障害者を育ててきた老夫婦――その人生の大部分をその子の世話に費《つい》やしてきて、いよいよ自分たちが動けなくなると、その子を障害者施設に入れるほかはない。それなのに、税金の無駄遣いなどといって、大量殺人する人物が現われたりもするのです。

家族という制度は、今日では衰退しつつあり、その意義が見失われつつあります。生涯独身を選ぶ人も増えてきました。とりわけ都市部では十分に一人で暮らしていけるし、多様な人間関係を持つことができるので、互いに拘束しあう夫婦子どもとの関係を避けようとする人も多いのでしょう——「恋愛は煩《わずら》わしい」という若者たち。

ただし、これは本人が健康で働けているうちだけです。病気になったり、定年退職したのちに、一人で暮らしていけるような社会的インフラが整っているわけではありません。結婚は必ずしも病や老いの相互介護のためにするわけではありませんが、社会的弱者となったとき、人は、——少なくとも現代の社会状況においては——、家族なしでは、生きている意欲を持続させるのは難しいように思います。

†情けなさ

思い出されるのは、幼い頃、友だちと近所の公園で遊んでいて、芝生のうえの犬のフンを踏んでしまったときのことです。気持悪いぐにゃぐにゃとした踵の感覚と、立ち昇ってくるいやな臭いに、私は泣き出してしまいました。

友だちのことは忘れ、大声で泣きながら、家に向かって数百メートルをとぼとぼと歩きました。家は何と遠かったことか。しかし家には母がいてきっと何とかしてくれる——それしかないと思いながら歩いていました。

犬のフンなど、おとなになれば何ということない、洗えば済むことです。だが、幼い子どもには分からない。何が起こったのか、どうしたらいいのか——自分の限界に直面します。

しかし、おとなになったとしても、おとなの限界があります。医師や看護師に身を委ねることができるならまだいいですが、医師や看護師にも手の打ちようのない事態に直面したら……。私は情けなくて、子どものように泣いてしまうのでしょうか。家族の誰かに向かって「助けて」と叫ぶのでしょうか——私自身、それに応《こた》えられないという無力感を抱いたことがあるというのに。

人が泣くのは、母親が現われてくれるのを待つということでしょうか、あるいは、泣くことによって、その声の大きさと感情の爆発にみずからを失うことによって、その情けない現実をただ意識から遠ざけようとしているのでしょうか。

死が顔を覗《のぞ》かせ、絶え難い苦痛が襲うとき、大地が揺らぎ、足元が崩れ落ちるかのように感じます。

脚が震えて立っているのが難しいというだけなのですが、そのとき、この生を安心して過ごせる安全の意味も蓄えの意味も消えてしまい、善も悪も、美も醜も、もはやどうでもいいものになってしまいます。親鸞の教えていた「他力本願」(『歎異抄』)——救いを求める本当の声が、そこにこそ聞こえてくるのでしょうか。

†生老病癌死

仏教では、「生老病死」といって、人生が苦に満ちていることが説かれています。そのような「四苦」、四つの苦の分類があるということですが、がんはそのどこに位置づけられるべきでしょうか――「病」なのか「老」なのか、それとも今述べたように「生」なのでしょうか。ゴータマ・シッダルタはがんを知らなかったのですから、その分類に不十分な点があるのは仕方ありません――「生老病癌死」の五苦に改訂してもいいかもしれません。

とはいえ、人生が、ゴータマのいうように、すべて苦に帰着するのかは疑問です。こうしているあいだにも、私は「愛欲の広海に沈没し名利の太山に迷惑」（親鸞『歎異抄』）しています。おいしい食べ物や、よい睡眠や、他人《ひと》の心配してくれる声に、私は喜びを感じます。ベンタムをはじめ、人生は快（喜び）に帰着すると主張する哲学者もいます（『道徳と立法の原理序説』）――確かに私の人生は苦よりも快が多かった、私はいろいろな点で運がよい方だったかもしれません。

他方、やはり辛いばかり、苦しいばかり、悲しいばかりの人も多くいることでしょう。そのような人に出会ったとき、私もできたら手を差し伸ばしたいと思うのですが、そうしたらそちら側へと自分も引きずり込まれてしまうように感じられて怖ろしい。人には二人分以上の力はないとホッブズはいいます（『リヴァイアサン』）。妻子以外の人たちに対しては、なかなか「引きずり込まれてしまっても構わない」とは思えないのが、私が小市民である所以《ゆえん》です。

論理的には、人生には快も苦もあり、ある人にとっては快が多く、ある人にとっては苦が多いというのが正しいに違いありません。それでもベンタムは、人は自殺しない限りは快の方が多いと主張しています（『義務論』）。最低限、自殺する際の苦をやや上回る程度の快を、誰しもが享受しているというのです。

確かに私が死を怖れるとしたら、それは生を肯定しているからです。しかし、生の何を肯定しているのでしょうか。

感覚への愛でしょうか。おいしいものを食べたとき、安心して眠りに就いたとき、うまく排泄したとき、きれいなものを見たとき、心地よい音楽を聴いたとき、好きな相手と性交渉したとき。あるいは、――英語ではおなじプレジャーですが――、喜びはどうでしょうか。人から認められたとき、価値あるものを創りあげたとき、権威ある地位を与えられたとき、富を手に入れたとき、愛する人と出会ったとき。

しかし、それらはみな、他人たちのあいだでのみ成立するものであり、他人たちも所詮《しょせん》死すべき人間です。人生全体から見ると、他人が賞賛するものには大した根拠も価値もありません。

他方、生には、それらを上回るような苦もあります。空腹のとき、眠れないとき、便秘のとき、醜いものを見たとき、騒音が絶えないとき。

ゴータマの説いた四苦八苦には、このような「求不得苦」、「五陰盛苦」のほか、「怨憎会苦」、「愛別離苦」が含まれます。これまでに、二度と顔も見たくない人物にも複数出会ったし、父母を喪《うしな》ったのは辛かった。今この瞬間も、妻子の誰かを喪うことになったとしたら、私はもはや立ち直ることができないほどに打ちのめされてしまうことでしょう。

誤解によって尊敬され、あるいは誰も価値を認めてくれず、利害のために追従《ついしょう》され、富が宝の持ち腐れとなり、愛する人とは離別する。しかも嫉妬から罵倒され、けなされ、足を掬《すく》われ、盗まれることもある。絶対のものはこの生にはありません。

とはいえ、快と苦は独立変数ではありません。どちらか一方だけということはありません。病院の限りなく続く不味《まず》い食事の後では、一皿のソース焼きそばが何とおいしかったことか。体が恢復してきたときには、概して以前は見落としていた平凡なさまざまなことにも快を感じることができます。眼の手術をして再び世界が見えるようになったとき、私は病室の外の、その緑の光景の色の鮮やかさに深く感動したものでした。世界には生命《いのち》が溢《あふ》れていると感じたものでした。

ですが、だからといって、人にあえて不味《まず》い食事を強制したり、一度は失明させたりした方がいいという人はいないでしょう。どう呼ぶべきでしょうか、人生の狡智——騙《だま》されてはいけません。人生のジェットコースターは、どんな高みにまで昇ろうとも、どんな速度にまで至ろうとも、それが終わるときには、それが滑り始めた場所よりも低い位置に停止するのです。

がんになったということで、そうでなかった場合とは世界が違って見えてくる。どちらが楽しいか、どちらが好ましいかと聞かれると、もちろん、そうではなかった場合である。がんでなかった生活は、がんになった後からすると、あたかも天国にいたかのようである。

†選択

人は選択しながら生きていくといわれます。賢い選択、正しい選択をしなければ、と思います。ですが、本当に「選択」などできるのでしょうか。選択する場面においては、思い切って賭けてみるようなこともあれば、思いがけず状況に巻き込まれてしまうようなこともあります。「選択した」などということは、いつも錯覚なのかもしれません。

すべての選択肢が明確に与えられ、「こうすれば必ずこうなる」というように結果が必然的なものとして与えられるならば、われわれは結果を比較してどれかを選ぶことができるでしょう。

有名なトロッコ問題という思考実験があります。五人を死ぬに任せるか、それとも転轍機《てんてつき》を操作して一人死ぬのを選ぶかと尋ねられるのですが、現実にはそうした結果になると分かっている状況などないのだから、この選択はパズルにおいてしか生じない空虚な選択に過ぎません。パズルのピースを埋めることの喜びを知っている人は多いでしょう。理論においても、人は首尾一貫性が成就するような最後のピースを求めます。ですが、それを見つけたときの喜びは、――多くの学生は実に抽象的なだけの思考を好み現実との対応を探求する思考を難しがりますが――、その理論が現実についての正しい理論であると分かったときの喜びとは別のものです。人は、しばしばそれを取り違えます。

理論が、論理であれ数式であれ、首尾一貫していることは美しいとはいえ、それが正しさを保証するわけではありません。「正しさとは何か」ということについての理論ですら、その理論の正しさを保証する理論を必要とします。真に首尾一貫した理論は、正しさをみずから証明することのできるような理論でなければならないのです。そうでないものはただの美しい理論に過ぎず、現実を真に説明するかどうかが二の次になっているのです。

したがって、現実にトロッコ問題に似た状況が生じた場合は、――結果の予測は確率論的なものに過ぎないのですから――、私は自分の愛する人が死ななそうな方を選ぶでしょう。知りあいがそこにいないのであれば、なるべく全員が助かるように祈るばかりです――それで何が悪いのでしょうか。

錯覚があるのですが、トロッコ問題は個人にとっての倫理的な問題ではないのです。戦場であれば、――死の確率は平時よりもずっと高そうですが――、一人の将校のために五人の兵士が死なされることもあるでしょうし、味方の死ぬ人数よりも、敵が多く死ぬ方が選ばれることもあるでしょう。

平時においても、そもそも政治とはそのようなものなのです。どんな政策や立法も、誰かが喜び、誰かが酷い目に遭《あ》うことになります。とりわけその人数が問題にされるのは、民主主義的な投票や選挙が行われる場面においてでしかありません。

要するに、トロッコ問題は倫理学的問題なのではなく、エリートである軍事ないし政治リーダーにとっての戦略的ないし政治的判断の基準を巡る問題なのです。しかし、戦略的ないし政治的判断の正当性については多くの要因があって、――選挙結果を気にする政治家は口にできないことですが――、死者の人数の多寡を一義的で最優先の基準とすることはできません。軍事や政治とは、そのようなものなのです――社会保障政策がその典型です。

†責任

倫理学的には、選択することを要求された場合、むしろ選んだ後に考え直したりしないという責任、選んだことをやり続けるという義務が生じるということの方が問題です。山に登って山頂でお弁当を食べようと思って電車に乗ったところ、お花畑を見つけたので途中下車してそこでお弁当を食べることにした、などというようなことは許されなくなってしまいます。

選択肢が与えられ、一旦選んだら態度を変えてはならないというのは、――入試などもそれなのですが――、人間の本性ではなく、道徳なのです。つまり、社会的主体として非難されないように無理をしているということです。そうしなければならない理由はないし、それを完全にすることはほぼ不可能であるにもかかわらず、です。

結果が一〇〇％分かっているようなことはまずないのですから、一般には、何かを選択すればそれによって状況は変化し、絶えず新たに選択しなければならないことが生じてきます。何かを選択した後でも、そこから展開していく状況を見て人が判断を変えるのは普通のことです。一旦選択したことを取り消したくなるのも、よくあることです。

とはいえ、運が悪い場合には、その選択肢がどんどん減っていって、最後は与えられた状況を受け容れるほかはないという事態にもなり得ます。病気だけでなく、経済的状況についても人間関係についてもそうです。できたら、それは避けたいものです。

病院での治療の話に戻すとすれば、患者の選択は、常に暫定的なものにほかなりません。患者の選択は、――治療方針を自分の意思で決定するどころか――、医師の治療方針にみずからを委ねるか否かにしかないのだからです。だから、同意書に患者のサインがあろうとなかろうと、医師の方には、いずれにせよ取るべき責任がある。それが仕事なのだからです。

自分の名声のために危険な手術をして失敗するような医師の責任は追及されるべきです。生活の疲れや娯楽への関心のために細心の注意を払わずに治療して失敗するような医師の責任は追及されるべきです。逆に、もし患者に求められるものがあるとすれば、それはみずからの選択に対する義務などでは決してなく、「生きたい」という意欲ではないでしょうか。

以上の意味では、私は私の治療に当たってくれた医師たちを、基本的に信頼していました。彼らは高度な専門的職業人であり、豊富な知識と技量とをもって、彼らの職業倫理を果たそうとしています。すなわち、どうやったら病気を治すことができるか、標準治療の範囲内で、患者の身体の状況と患者の希望とのあいだで最も適切な治療法を模索してくれている――もっとも、その医師の知識と技量の程度がどの位かは患者からはよく見えず、一定以上の水準を満たすということだけで、他の多くの職業と同様に曖昧にされてはいるのですが（だからそこにも運不運はあります）。

それ以外のことについては、——彼らはそれぞれに患者とおなじ人間なのですから——、その性格や気質の問題です。むしろ患者は、そのことを決して忘れるべきではないでしょう。間違えてはならないのですが、医師たちが救おうとしているのは命です。「命がある」とは、死んではいないということです。それに対し、患者たちにとって重要なのは「生きている」ということです。感じ、考え、行動することです。命がなければそれもできませんが、命はその条件に過ぎません。人は自分の体が死なないようにと、体のお世話をするために生まれてきたわけではありません。医師は、そのことを患者に強要することはできません。患者が怖れていることは、単に命を喪うことではなく、生を失うことです。医師が扱っているのは「命（生命）」なのですが、医師の業務はその「生（生活）」を救うほどまでのことを期待できるものではありません——患者は、本来的に孤独なのです。

†後悔しない生き方

　人は何かを選んだら、あとは後悔しないようにとさまざまな配慮をしながら生きていくのですが、それでも後悔しないでいるのは難しいことです。

　プロメーテウスのようにして全知力でもって出来事の展開を予期し、最善の手を打ちながら生きるのはすばらしいですが、何が起こっても「そのようなものだ」（カート・ヴォネガット『猫のゆりかご』と引き受けて生きるのも悪くはありません。「自分がしたことを少し変えていればもっとよい結果になったかもしれない」などとは考えないようにする生き方です。「人間万事塞翁が馬（逃げ出した馬が別の馬を伴って帰ってくるというように何がよくて何が悪いかは何ともいえないという意味）」という『淮南子』由来の言葉もあります。がんにならないようにしばしば検診を受けながら、食べ物や運動に気を使うのもいいですが、それでもがんになったら「そのようなものだ」と思うのは難しいことです。「そのようなものだ」とは思えないとしたら、人生は、ゴータマ・シッダルタが述べたように、受苦を耐え忍ぶほかはないようなものになりかねません。

とすれば、「後悔しない生き方」には二つの意味があります。第一のものは、後悔しないだけのしっかりした準備をしておくべきだという意味。第二のものは、「後悔する」ということ自体をやめてしまうという意味です。

宮沢賢治の有名な「雨ニモ負ケズ風ニモ負ケズ……」という詩の後段には「ミンナニデクノボートヨバレタイ」という一節が見出だされます。デクノボーに成るということ、それは後悔するという精神の営みを捨ててしまうことでしょうか。それは、自堕落であるということなのでしょうか、あてにすることのできない困った人の生き方なのでしょうか。

実際にもボーッと生きている人がいます。うつ病であれ発達障害であれ、病名をつけられて、そんな状態でもやむを得ないと安心するのですが、雇ってくれる企業もなく、親の資産ないし生活保護で生きていくほかはありません。明日のために何かをするというよりは、今日という一日をやり過ごすことだけが、彼らにとっての課題です。

そのような人たちの中には、一日をやり過ごすためには何でもするといった人たちすらいます。詐欺であれ覚醒剤であれ売春であれ……。彼らには罪悪感が生じないのでしょうか。そうでもないでしょうが、生じない人もいるといった程度でしょう。

しかしながら、明日のために何かするというのは、資本主義時代になって要請されるようになった生き方なのです。前近代の貴族ないし市民たちは、みんなボーッと生きていたのだし、それに対する罪悪感もなかったでしょう。ただ、そのような状況で、古代ギリシア人たちのある者たち、古代日本人たちのある者たちは、それぞれ哲学的対話をしたり、和歌を詠みあったりしていたというだけなのです。

なぜにボーッと生き延びるのはよくないことのように思えるのでしょうか。食物を摂った後の動物たち、子育てを終えた動物たちは、みなボーッとしています。猛獣たちは、ボーッとするために狩《かり》をするのです。植物たちは、ボーッとするために、根を地中に降ろすという「進化」をしたのではなかったでしょうか。

とはいえニンゲンに、動物たちとは違って知恵があるとすれば、それは、天変地異や事故病気や嫉妬確執等によって、明日の生活が困難になることがあると知っているという点にあります。食事して排泄して睡眠すること、それよりほかは望まなくても、それすらも困難になることがあるからです。

今日では、多くの人々が、明日の生活を困難にしないために、組織の上司の命令に従って与えられた仕事をこなしています。上司に逆らい、命令を無視したり業務を怠慢したりして、仕事を失うことになったらどうするのか？——否、誰か支えてくれる人がいたら、人はそのようなことをしてしまうに違いありません。

親や配偶者や子どもに資力があればそうするでしょうし、生活保護を侮辱ではなく権利と受け止めることができるならば、人はそれを申請するでしょう。他の人は怠け者といって非難するかもしれませんが、人間は、ただ食事して排泄して睡眠することでもこと足りるのです（それは「権利」ではないと思うのですが）。

†エピメーテウス

では、がんになった場合についてはどうなのでしょうか。

免疫療法の現状をふまえると、つくば科学万博での「がんが治せるようになっている」という予測は、確かにその実現の途上にあります。そうとなれば、症状が出るほどの末期になってからでも命が救われるわけです。しかし、今はまだ早期発見と手術が、――残念なことですが――、やむを得ず受けざるを得ない療法です。

正直なことをいうと、私もせめて半年前に病院に行くべきだったと思います。そうすると、もう少しステージが低く、治療も穏やかだったのではないか――「後悔先に立たず」です。

とはいえ、そのようなことをいい出すと、それが一年前ならどうか、毎年検診を受けていたならばどうかと、エスカレートすることになるでしょう――「覆水盆に返らず」というわけなのです。

どちらが正しいのでしょうか。絶えず先を読みながら適正な手段をとって人生をよりよいものにするということの中に、がんに対しても、その確率を考えながら先んじて適切な対処をするということを含めるべきなのでしょうか、それともその対処が面倒なあまりに検診も受けず、兆候も放置して末期がんになった自分を見出だすべきなのでしょうか……。

しかし、われわれはプロメーテウスではありません。プロメーテウスには、エピメーテウスという弟がいますが、その名前の意味は、「後知恵」です。われわれはプロメーテウスなのではなく、みなエピメーテウスなのではないかと思います。

確かに、少なくとも私はよく後悔します。何かを買った後で、もっと安く売っている店を見つけたり、エントリーしておけば貰えたはずのポイントを取り損ねたり、というようにです。

今なお、五〇〇ポイント残っていたのにクローズされてしまったａｕウォレットカードのことを思い出します。

人間関係にしても同様です。いわないでおけばよかったことをいってしまったり、いうべきであることをいいそびれてしまったりします。後で相手の真意を知ったときにはなおさらです。他人《ひと》の心がはっきりとは分からないだけに、さまざまな可能性を考えて慎重に言葉を選んだ結果として、しかし最悪の結末に至ることもあります。

お金や人間関係は、――地位や名誉もそうですが――、ある種の富といっていいでしょう。持っているに越したことはありません。ところが人は、それを得たことよりも、それを失ったことの方ばかりを考えてしまうのです。せっかく十分に予期して対処することによって得た富を、ちょっとした迂闊《うかつ》さで失ってしまうなんて、何と残念なことなのでしょうか。

富は、才能や財産も含め、偶然ないし幸運と、他の人たちの親切や失敗によって得たものではないかと思います。それを人は、自分の努力で得たものであって、一旦得たものは失いたくない、権利があるなどと考えてしまいます。だからこそ、もっと得たい、失いたくないと考えます。

私もその感情にしばしば囚われることは白状しなければなりませんが、だからこそ、後悔しないで生きることは、何と難しいことかとも思うのです。

後悔することをやめてしまう人生とは、運命のままに生きていくということなのでしょうか。ローマ神話に登場するフォルトゥナ（運命）とは、不安定な台座のうえで車輪を回している女神であるといいます（ボエティウス）。

運命とは、「必然」として、――忘却されていた過去が無理やりに思い出させられるようにして――、宿命や宿業のようなものなのでしょうか、あるいは「偶然」として、幸運や不運のようなものなのでしょうか。

占いは、運命が前者の意味であることを前提としています。動物の骨や望遠鏡といったちょっとした小道具を操作する中にあらゆる出来事の細部が宿っており、それが出来事の、すでに定まっている結末を表徴すると前提しています。逆にいえば、仏教でいう縁起のように、あらゆる事象が巡り巡って、どんなものであれ、自分の行為の結果として出来事がその全体の姿を現わすのに参与しているということです。

しかし、たとえ「人生の別れ道」があるということが本当であり、それをちょっとした小道具で知ることができたとしても、自分に何ができるでしょうか。『オイディプス王物語』（ソフォクレス）が教えているように、あるいはスピノザが論じているように（『エチカ』）、すべては必然の結末へと到るのだとするならば。

他方、フォルトゥナは、「ツキ（ラッキー）」のことでもあります。運命があらゆる事象の巡りあわせを支配しているわけでもないとするならば、人はツキを待ち望むほかはありません。

ツキというものがもし存在するとしたなら、すべてがゆきあたりばったりというわけではないということです。そこでは偶然は、ただの出鱈目《でたらめ》（ランダム）ではありません。とはいえ、根拠のないツキを頼りに、返す当てのない借金をして博打《ばくち》をする人もいます。「運試し」というように、自分にツキがあるかどうかという動機によってですら、博打をしてみる人もいます（宝くじのような極めて確率の低い懸賞に応募する人たちもそうです）。

ツキとは何のことでしょうか。どんな神的な存在者の意図もなしに、複数の事象の巡り合わせがたまたま自分の意図や希望に適うということが、確率論的に生じ得ます。いいことと悪いことが等間隔で同量やってくる方が不自然なのだからです。（気の毒なことに）不幸の降り積もる人たちがいる一方で、出来事が、――ペシミストたちの予想よりも――、期待通りになる人たちがいるわけです。

哲学者タレスのような「星を覗く人」（パウル・ハイゼ同名小説）は、よく星を見ていたといいますが、それは占星術のためではなく、ツキを試すためでもなく、季節の変わり目とその気候とを予測して、ありそうなこととありそうではないこととを具《つぶさ》に識別するためでした。それで、オリーブの豊作を知り、オリーブ絞りの道具を借りておいて大儲けしたそうです。人生はギャンブルによってではなく、「正しい判断」によって進むのです。

運命とは、人生を生きる人間にとっては、必然でもなければ偶然でもありません。未来とは、すべてが「必然」に見えるもっと遠くの未来から見た過去としての直近の未来のことではなく、同様にランダムという意味での「偶然」ということでもなく、まだ何も起こっていないということです。現在からの外挿法によって予測されたものを原理的に覆す何ものかが生起してくるということを指しています（ベルクソン『物質と記憶』）。

それは、思うに、受精卵が分裂を繰り返していくなかで、精妙な機構と形態を持った一個の身体を形成していくように、出来事の細部がおのずから整っていって、どんな内容であれ、一つの物語になるであろうという確信のことでもあります。さらには、その出来事が成就するための要因として自分の行為があるという確信のことでもあります。すべてを運命に託す人、すべてをギャンブルに解消する人には、どんな結末も到来しません。文字通り、何があっても、本人にとっての出来事としては何も起こらないのだからです。

†生の拡張

そもそも、身体にとってしても、生命として生存することだけが生きることではありません。

身体には生殖のための行為もあり、多くの動物がそれによって死の危険を冒したり、場合によってはその後に死ぬことが宿命づけられていたりします。人間にとっては、権力や富や愛や名誉の追求といったものも、場合によっては生存に反する振舞を必要とします。人は、それらのために、空腹であっても、病気になっても、死んでも構わないというような行為をするのです。そのようなときにこそ、運命が問題になってくるのです。

西欧の言語は、ライフ(英)、ヴィ(仏)、レーベン(独)とも、「生活」と「生命」とを区別していませんが、生きるということ(生活)は、命がある(生命)ということには留《とど》まりません。それは、精神と肉体の対立のことではありません(その対立は健康な人にとってのものでしかありません)。生と命の対立はもっと近くてもっと遠い——「余生」と「余命」の意味の違いを少し考えてみれば分かることです——穏やかな凪《なぎ》のような日々と、苦痛に満ちた残りの日々。

では、生とは何であるか、です。それは「生の拡張」であると、ギュイヨーが論じています(『義務も制裁もない道徳』)。

論理学者なら、「生が生の拡張である」とは、同語反復(定義の中に定義すべき概念が含まれている誤謬)であるといって批判することでしょう。論理は同一律、概念の同一性を前提するのでそう批判されるのですが、生の概念は、それ自身がみずからと異なるものであるがゆえに、そうした定義も成り立つといえなくもありません。

では、「みずからとは異なる」とはどういうことでしょうか。

考えてみましょう、生きるとはどうすることか――それは、明日の生活をよりよくするための生活をすることです。時間が経ち、人は経験を積み重ねていきます。明日の生は、今日とおなじ生ではありません。

何がよいものかは、いつも未決です。ソクラテスのいう「善く生きよ」とは、――彼が「善そのもの」を決して定義しなかったように――、普遍的な善を認識してそれを行うということではなかったと思います。さらに、その善を共同体の「正義」に置き換えてしまう人が出てきてしまうのですが、われわれはただ、明日は今日よりもよい生活ができるようにと考えて生きるだけではないでしょうか（逆に、尊厳死のところで述べたように、毎日、明日が今日よりも悪い生活でしかないときには人は生きることの意味を見失います）。

よい生活とは、今日達成したものがもっと楽に達成できるようになる、さらにもっと広汎にそうした活動ができるようになるということです。ニーチェのいう「力への意志」もこのことではないかと思いますが（同名書）、習慣化して意識せずにうまくやれるようになり、習熟して効率的にやれるようになることです。生とは刻むこと、織ること、刻一刻と進むことです。生まれてきて分かることとは、われわれが繰り返しの歯車であるということであり、快楽（喜び）のために、肉体の歯車をさまざまなものに噛み合わせようとしているということです。

それでまた、われわれは「ホモ・ファーベル」（ベルクソン『創造的進化』）でもあるのです。明日の生活をよりよくするために何らかの道具や作品を製作し、それを利用してさらに新たな道具や作品を製作します。その結果として、思いもかけないものを創り出します――「創造」とは所詮そのようなことにほかならないのではないでしょうか。

すなわち、同一的な本質としてではない、今ここをのみ意識する実存としてでもない、われわれは、今日とは違った明日を生きるという持続を生きることの本性（自然）として生きている。それを「生」というのです。

そればかりではありません。もし死が怖ろしいものとして現われるとしたら、それはその人に何らかの志があるからです。志を持つこと、それは挑戦することであり、自分が成し遂げたものを見ようとすることですが、それほど、生きて気持のよいものはないでしょう。

人は、食物によって命を繋ぐように、「誇り」によって生きています。誇りとは、自分のなしてきたことがそれ自体で価値があるとの確信であり、――他人から評価されることによって生じる「名誉」や見かけ上だけでも名誉を手に入れようとする「虚栄」のことではなく――、それをまた日々更新するという活動そのもののことです。

したがって、自分の命について健康であるかどうかは、身体の状態を測定する以前に、生の内側から知られています。それは「活動できる」ということです。今日とは違った明日を作っていけるということです。そして、病的なものとは、それを妨げるもののことです。貧困、悪意、依存、そして身体の不調。そのとき、生は衰弱します。未来は袋小路となり、今日とおなじ生を繋ぐばかりになります。そのことだけで、明日が今日よりも悪くなるのです。

だから病気に罹《かか》った人は薬を飲み、治療をして元気になろうとします。古来、一人ひとりがやってきたことを、今日では医師が診断し薬を処方するようになっているというだけのことなのです。そうして病的な状態から脱出し、よりよい生活になるように努めるのですが、それこそがまた生であり、「生の拡張」なのです。

†手術

ここで、私が選択した、――というよりは（断腸の思いで？）運命に身を任せることを選択したわけですが――、手術がどのようなものであったかも書いておきましょう。

それは若葉繁れる五月末のこと……、と始めるほどの心のゆとりはありませんでした。私は看護師に連れられて専用のエレベータに乗り、建物のどこにあるか分からない手術室まで歩いていかされました。やがて到着した幅広い入口の大きなガラス扉の前で名前を聞かれ、手術室の看護師への引き継ぎが行われました。私は扉の外で止められた妻に向かって手を振って微笑んでみせましたが、不本意ながら、「俎《まないた》の上の鯉」というほかはありませんでした。そう自分にいって聞かせるほかはありませんでした。

手術室スペースを貫く広い廊下を奥へと進んでいくと、巨大な金属製のドアがずらっと並んでおり、――火葬場のようだなと一瞬感じたのでしたが――、その一番奥の扉のところまで行くと、扉の横に私の名前が書いてあって、私はそれを読み上げさせられました。

中に入ると、そこは三〇畳ほどの広い部屋で、両方の壁側にずらっと機械が据えつけられていて、意外にごちゃごちゃとしていました。

どちらかというと工場のような印象で、そこにふいごで火を熾《おこ》す職人や、色鮮やかな液体が巡るガラス管の弁を操作する職人や、遠くを映し出す巨大なガラス球を磨いている職人たちがいても驚かないだろうと思いました。

その中央に狭くて黒い細長い手術台があり、その上に映画などでおなじみの巨大な照明が被《かぶ》さっていて、私はそこに横たわるように告げられました。

周囲には執刀医はおらず、数名のスタッフしかいませんでしたが、麻酔医が自己紹介した後(幸いにもタバコのことで脅かしてきた医師ではありませんでした)、注射をされました。それから二〇秒位だったでしょうか、私にはもはや意識はありませんでした。気管挿管された記憶も、手術後にそれを抜かれた記憶もありません。

目覚めたのは自分の病室でした。四、五名の看護師が、私の体をベッドに移そうと奮闘している最中でした。その人混みの奥に妻の顔が見えて、ほっとしたものです。

二、三時間眠っていたという感覚でしたが、実際には八時間の手術でした。腰が酷《ひど》く痛んでいました。それはそうです、八時間もじっと仰向けに横たわらされていたわけだからです。途中で寝返りさせたりマッサージしたりという手順は、手術には含まれていないようです。

その夜は、腰の痛みと下腹部の漠然とした痛みに耐えて、うつらうつらし続けました。痛み止めの麻薬のせいなのでしょう、幻覚を見ました。

目を瞑っただけで、決して眠ってはいないのに、タイル状の美しいイメージが脳裏に次々と描き出されていきます。最初は電子基板のようでしたが、次には岩石の、粒が色とりどりの結晶のようでした。そのような模様のカラフルなタイルが無数に描写されていくのに驚かされました。何と綺麗だったことか……、芸術家たちが麻薬を使ってみたくなるわけです。

体に穴を開けたという、鋭い痛みのようなものは感じられませんでした。

私の場合、ロボット手術といって、細い棒を何本か体内に差し込んで、医師が離れたところから、手元の動きに増幅されるアームを使って操作する手術でした。精密で安定した作動のもと、臓器の背後にまで回り込ませながら目的の箇所を切除するのだといいます。その分時間が多く掛かるのですが、術後の恢復もよく、痛みも少ないといいます。

数日経って腹部を見てみたところ、一センチ弱の傷が何箇所かにできていて、黒いホチキス針で留められていました。

まるで九ミリ口径のマシンガンで数発撃たれた跡のようです。その場合は弾が一瞬にして臓器内をぐちゃぐちゃに突き進むでしょうから致命傷ですが、ロボット手術の場合は、障害物を避けながら、数時間掛けてじわじわと、くねくねと掘り進んでいくということらしいです。

でも本当は……、どんな箇所でも、切り取ったりしたくはないものです。手術によって、私は私が身体からできているということを、――内蔵までをも含めると何も隠すべきもの（プライバシー）はなく――、身体によって生きているということを、つくづく思い知らされたのでした。

†器官なき身体

生と死がいかに身体に結びついているか――動物や人間の身体内部を見る狩猟者、解体者、医師たちがいます。それら専門家たちは、その特殊な知覚を熟知しています。

なるほど、解体者も医師も、身体を事物や機械のようなものとみなし、精神における生と死との関わりを見ないようにしていることでしょう。しかし、おそらく狩猟者は知っています。内臓が裂け、血が流出し、そして身動きできなくなっていくという死の現象を。

それは、精神世界を形成しているわれわれ一人ひとりの身体にも起こることです。兵士や殺人者たちもそのような場面に立ち会うことになりますが、それが「上品で高貴な」われわれ精神の正体なのではないでしょうか。それを確かめるために殺人を試みる人も出てくるほどのことではないでしょうか。殺人によって自分の生を確かめようとする人も出てくるほどのことではないでしょうか。

大腸がんで死んだアントナン・アルトーは、「人は糞便することを選んだ」といって神を呪詛しています（『神の裁きと訣別するため』）。神という魔術師が身体内部に諸器官を据付《すえつ》け、われわれに、食べては排泄するという営みを不可避的にしたというのです。神がわれわれの大腸に常に糞便を投げ込んでくるので、われわれはそれを排泄するために日々苦しまされるのです。「私」とは何か——しかし、糞便する以外のものなのです。

私は、決して私の身体の介護士、私の病気の看護師ではありません。身体の世話をするために生まれてきたのではない。私は「器官なき身体」を望む。私が骨格と筋肉だけで何事をもなし得る身体であることがどうしてできないのか、と彼は問いかけます。

科学者ならば、その筋肉を動かすエネルギーはどうやって得るのか、その骨格を維持する仕組はどうなっているのかと問い返すことでしょう。ですが、こうしたエネルギーや仕組も含めて、この世界の秩序がどうしてそのようでなければならないかは、誰も説明してくれないのです。このようになっているのだから仕方ないということはないのに、死がその問いをすべて霧散霧消させます。

なるほど、われわれはみな、母の胎内から一塊の肉、「身体」として生まれてきました。だからまた、われわれの身体の肉からがんが生まれてこようと、不思議に思う理由はありません。悪夢よりも悪夢的なこの現実の身体の生の世界——ほかのどのような謎は解けようとも、このような世界に生まれてきたということの、その謎は解きようがないのです。

†エロスとロゴス

身体——それは、無数の細胞から構成された諸器官の、さまざまな液体と化学物質と電気の流れで統制された精巧な機械のことではありません。そうした機械は身体自身が作り出した宇宙を映し出すスクリーンのもと、精神の描写する身体像に過ぎません。宇宙を映し出すスクリーンのようなものは、生の経験の一部に過ぎません。そして生は、身体の活動の延長に過ぎません。美しい形態の皮膚の下、器官の詰まった闇の中に蠢《うごめ》く諸器官ではなく、像を持たない無言の身体の内的本性を理解しなければなりません。それが「命」と呼ばれているものなのです。

すなわち、この地球上には無数の種の無数の身体が存在していて、その生命の営みを続けています。しかし、その世界は善き美しき世界なのではなく、互いの身体が喰い喰われる、無情で無常な汚辱の世界なのです。

風邪などの感染症とて決して「異常事態」なのではなく、ちょうどライオンが自分の首に噛み付いたのを感じる瞬間と同様にして、自分が細菌やウイルスに食べられそうになっているという平凡な出来事なのです。なるほど多くの大腸菌のように、われわれの身体と共生している生物もいるにしても、善意や愛によってそうしているわけでもないでしょう。

人類は、近代西欧文明において、さまざまな害獣を駆除し、さまざまな病気を克服してきた結果、自分たちが喰われる肉としての、身体を持つ存在者であることを忘れ、あたかも永遠の命を持っているかのように振舞ってきました。人間だけに理性があり、それによって自然を客観的に捉え、社会に秩序をもたらすことができるとしてきました。ですが、そうした妄想を支える健康な身体から、がんは排除することが困難な対象であることが分かってきたのです。

がんは、着実に、生活に困難と苦痛をもたらすものへと成長します。身体の中に産まれてくる新生物、がんがわれわれの精神を支えている身体を破壊します。女性にとっては、妊娠から出産にはつわりがあって、死も伴い得るものなのですが、それで赤ん坊が産まれてくるのが寿《ことほ》がれるのとは反対に、すべての人はがんが産まれてくるのを嘆くでしょう。

――私ががんを告知され、手術と抗がん剤治療をするという話になったとき、妻は、「妊娠とおなじようなものだよ、女性は十カ月のあいだ頑張っているよ」といって慰めてくれました。つわりの苦しさは抗がん剤の副作用と似たようなものなのでしょう。なるほど男性は（私は）、妊娠出産のことを軽く見ていたわけです。「そうか」とは思いましたが、でもがんの治療は十カ月で終わりとは決まってないし、悦《よろこ》ぶべきものを産みだすわけでもありません。そこが少し違う（少しか？）……。

われわれは知らないわけではありません。妊娠に前提される生殖行為のさなかに目指され、使用される諸臓器があることを。

エロス（性の衝動）がどんなにそれを美化しようとも、そこにあるのは粘液性のグニャグニャとしたものでしかありません。身体表面の皮膚と形態の美しさが、腫瘍化したがんと大差ない身体内部の諸器官の醜さを覆っています。精神の中にある身体表面と精神自身の美しい境界は、——何という対比（ロゴス）だろう——、エロスが作っているものなのです。

エロスとは、哲学の精神でもあります。ソクラテスは、女性が子どもを産むことを通じて永遠の生に関わることができることを賛美しながら、男性はその代わりとして哲学をすると論じていました（『饗宴』）。

ところで、「食べる」ということも、口に生物の死体を放り込んで、——調理するというのはそれが見えなくすることも含むのでしょう——、鋭い歯で何重にも粉砕して呑《の》み込むなどと、実に怖ろしいことをするものです。生殖と同様に、摂食も人間理性にとってはスキャンダルなことなんだ！——特に抗がん剤で食べられなくなったとき、つくづくそう思ったものでした。

グルメはエロスと同様に人々に共通した歓喜のようですが、食べたものが身体の闇の中をぐるぐると経巡って、腹を通って肛門から出てきたものを不快に感じるようになるというのも変な感じがします（子どもがそれを喜ぶのはおとなが嫌がることと無関係ではないと思います）。アルトーが呪詛するわけです。

鯨や犬や猿を食べることを非難する人たちがいますが、われわれが他の生物の身体を食べることを通じてしか生きていないという事実が忘れられがちです。食べられることによって繁殖が可能になる生物もいるとはいえ、植物の身体だったら構わないというのも筋が通りません。それは、栄養になるからといってあえて野菜を食べることの単なる裏返しのようにも見えます。われわれが生物であるということは、この、食べるという余りに馴染《なじ》んでしまった不思議な行為を通じて他の諸生物と繫がっているということなのです。食べ、食べられるという、生物であることの悲しさを感じます。

公然と行われる食事の光景を、子どもたちはおとなたちと共にし、特に不思議なものとも思わずに、それをみずからのものとして引き受けて成長していきますが、だから隠されて行われる性交渉の光景を、いつか子どもたちは驚きと恐怖をもって目撃することになります。しかし隠されていないだけで、それらは並んで、ほとんどおなじ位に驚かされるべき「生の事実」なのです。喰らい、性交するという、これら奇妙な行為を、他人たちのあいだでどのようにぎこちなくはなく遂行することができるようになるかが、産まれてきた子どもたちに課される道徳的試練なのです。

しかしながら、そうしたエロスとグルメの生のさなか、それらへのさまざまな迷いがどの人にとってもそれぞれの主題において悩まれ続けているにしても、忽然《こつぜん》として、われわの身体を喰らって成長する「がん」というタナトス（死の衝動）。別種の胎児のようにして、性交渉と同様の秘められた営みのもと、われ知らぬところで生殖され、成長し、――哲学の目指すように――、われわれに取って代わって永遠に生きようとし始める、といったあり得なくはない事態が発生します。いわば身内であったはずのそいつが、われわれに喰らいつき、そしてわれわれに死をもたらすのです。

われわれは、あたかも身体抜きにすべてを理解し、何でも可能にする精神があるかのように前提して思考します。しかし、その思考の進む方向の、ちょっと曲がった門口《かどぐち》に、突如としてがんが姿を現わして、われわれが身体抜きには何もできないということを、拒みようもない事実として、厳然と教えようとするのです（がんは精神の双子なのかもしれません）。

哲学的断章5　知覚と生

現代の人々は、人は身体の機能によって、身体の中から自身が生まれてくると理解している。われわれが見出だす風景をその幾何学的形象においてのみ捉え、その内部を機械仕掛けとして捉えるとき、魂（心）は、脳という器官に宿るというよりは、脳の機能に過ぎないものとみなされる。人間の心は、受精卵が分割し続け、諸器官を備える有機体となって産まれ落ちたのちに、脳という装置の中で自動点灯するかのようである。

しかし、われわれは身体から生まれてくるのではない。身体とは諸器官の詰まった闇、皮膚という器官に包まれた諸器官の有機的統合であるような物体と理解されているが、身体をそのようなものとして認識するのは、生まれた後、ものごころがついてからである。顔と顔、顔と身体とが出会って、自分の境界線としての身体の外形、皮膚を見出だしてから後のことである。

世界は、いわば皮膚と皮膚のあいだにある。世界とは、皮膚の表面についている諸感覚によって捉えられたさまざまな皮膚が、サーチライトに当たるかのようにして照らし出されあう物体の表面からなる空間のことなのである。この知覚世界と、および知覚可能でありながら精神が知覚しないようにしている身体内部とがあって、精神世界はその裏返しにおいてしか成立してはいない。

その世界は、常に自我を中心に置く孤立した主観にとっての世界ではなく、身体一般が知覚し得る世界、「間身体的世界」（メルロ＝ポンティ『行動の構造』）である。単一の拡がりなのではなく、相互の空間の中に差し込まれあって成り立つ空間があると解すべきなのである。

逆に、われわれの身体を自在に出入りする細菌類にとってのように、皮膚を剝ぎ取って、臓器からのみ成り立っている世界を考えてみよう。そこでは、身体は血で充塡された臓器の詰まったズダ袋にすぎない。内臓であれ骨格であれ、その内部を、われわれは日頃はあたかも存在しないものであるかのようにみなしている。その身体の中にあるさまざまな諸器官の系列が私を生かし、楽しみや喜びを、あるいは苦しみの回避を可能にしているのだが、食物を咀嚼し呑み込んだ後、排泄に至るプロセスを意識するのは、呼吸や脈拍と同様、困難というばかりではなく、不快なことでもある。

おぞましいというだけではない。闘いや事故によってそれを直視させられて、あるいは手術を受けることになって、その得体の知れぬ粘液質のぐにゃぐにゃとした物体に自分が支えられているという事実をまのあたりにすると、信じ難い思いがする。

それにしても、そのように身体の内部を特殊に思わせるのは、多細胞生物の皮膚とその外部の諸物体、ならびに他の生物の諸身体であり、それがわれわれが知覚する平凡な風景なのである。遠くに展開している山河や天空の星空を見て、またその中に点在する物体や動植物や人間身体を見て、われわれもその一つとして生きていると感じている。

ところが、そのように知覚されるものは、生の外皮として身体とその相関物でしかない。身体の持つ感覚器官によって風景が知覚されるのであるが、例えば複眼の昆虫や魚眼の魚類にとっての風景を想像するなら、身体の形態や感覚が異なれば風景が異なって知覚されると推理せざるを得ない。人間の感覚器官による知覚のみが唯一普遍的で、他の生物の知覚する風景がそれからの歪んだ像であるとみなすことはできない。人間が他の生物と異なるのは、理性があって世界を幾何学的普遍的に捉えられるからではなく、動物と共通する生そのものについてまで理解しようとするからである。

世界と呼ばれる風景、むしろ身体相互のあいだに拡がる狭間が、感覚器官の特性の異なる諸動物のあいだで異なっているということは、早くはモンテーニュが主題としていたが、それをニーチェやベルクソンが再論した。つまり、われわれは見出だされた空間としての世界、ないし宇宙に存在する孤立した物体としての身体の中にあって作動する機能ではなく、そのような世界ないし宇宙を見出だすべく進化の中でしつらえられた精神なのである。

いみじくもベルクソンが指摘したように(『物質と記憶』)、生物のそれぞれの身体は宇宙に呼応してそれに対処するように進化してきたのだから、「鑢屑《やすりくず》に腕を突っ込んだときのように」それぞれの身体にとってのそれぞれの宇宙像があり、われわれの宇宙像は、われわれ人間身体自体の裏返しの認識でもあるのだ。弱い身体には猛々しい荒振る宇宙があり、強い身体には穏やかで合理的な宇宙がある。

だからこそ、正確にいって、われわれは身体から生まれてくるのではない。身体という、宇宙の中に見出だされた物体の中からではなく、宇宙を見出だすものとしていずこからか生じてきて、その後で自分の身体を発見し、それによって宇宙の偏在性、自分の内側と外側、空間と自分の位置とを捉えている「今ここ」としての自我を見出だすのである。

しかし、自我は「私」のことではない。私の意識は自我を対象とするのだから、対象とされるものがその対象から生じてくるはずはなく、私は自我に由来するのではない。われわれは、――その意味ではデカルトに賛成なのだが（『省察』）――、身体から生まれてくるのではなく、「アペイロン（無限定なもの）」（アナクシマンドロス）、どこか知らない場所から生まれてきた後になって、自分が存在する場所を自分が捉えた世界の中の自分の身体に見出だし、それを自我と呼ぶのである。

（二〇一七年一二月）

第8章 老いについて

がんとは何かを、人はあまり考えようとはしない。闇夜に出没するモンスターのように、人々はがんに怯《おび》えて暮らしている。だから、がんになって初めて気づくことは多い。その中でもとりわけ大きなことは、人間が生きており、段々と歳をとり、やがて老人になるということだ。

†余命と余生

それにしても、がんに対しては、われわれはいつも後知恵ばかりです。がんは死を先取りすることによって、原理的にわれわれの生に先回りしています。

がんは、身体が有機的統合を作り出そうとする中で、無秩序な組織となろうとする諸細胞のことです。身体自体が死ねばみずからも生きていけないはずなのに、身体を殺しても構わないようにして成長していく細胞組織です。身体において、何の役割も担ってはいません。それゆえに、人は、がんと戦おうとします。切り取り（手術）、燃やし（放射線）、毒（抗がん剤）を盛ります。それがまた自分の身体をも傷つけます。そしてそれによって多くの苦痛を被《こうむ》るだけではなく、しばしばその戦いに敗《やぶ》れて惨《みじ》めな死に至ります。自分の影を倒そうとする『ドン・キホーテ』（セルヴァンテス）のようです。

かなりの人ががんに勝つようになってきているのだから、今日では、戦わないでいることもないでしょう。その戦いの苦痛と引き換えに、数年から数十年の余分の人生が手に入ります。がんを放置して普通に生きた数年の人生の代わりに、です（少し「パスカルの賭け」に似ています）。若い人にとっては戦って勝ち取るものが大きいでしょうが、では年寄りにとってはどうなのか。その戦果としての数年ないし十数年で何をするのでしょうか。

若い人が死ぬと多くの人が嘆き悲しみます。彼や彼女の得損なった体験を惜しんでです（気の毒だと感じないではいられません）。しかし、です。一人では生きていけない状態に陥っている年寄りについてはどうなのでしょうか――密かに死を待たれている多くの老人がここそこにいることをご存じでしょうか？

六七歳の私はがんと一年半戦い、後遺症に不便をかこち、再発転移の絶えざる心配の中で、その結果として平均寿命までの残り十年間を生き延びるのでしょうか。あるいは一〇〇歳まで生きるのでしょうか。不死を得るわけでもないこの戦いの苦しみは、余生のあいだに享受することができるであろう快ないし幸福に見合っているものなのでしょうか。生老病死――なぜ生と死のあいだに老と病が挟《はさ》まっていなければならないのでしょうか。

「余生」という概念があります。財をなし、愛情や地位を得た後、もはやそれを目指す必要のなくなった人にとって、穏やかな凪《なぎ》のような日々が来るのかもしれません。「老兵は死なず、消え去るのみ」とマッカーサーがいったとか――確かに老いの余生、それ自身には余命はありません。

しかし、がんになった人の余生は、「余命」と変わりません。将来の再発転移を、何の兆候もない前から気にかけるということでしかありません。そうした不安を心に抱えながら、日々を暮らすということです。

健康を質に取られて何の自由もない――患者であるということは、こうした惨《みじ》めな生を耐えるほかはないということです。病院で一日中待たされていたとき、そのことを身をもって知るために待合室に座らされているかのようでした。

人間関係の貧困や経済的理由から病院に行かず、ひっそりとアパートの一室で孤独死する人々もいるそうです。買ってきた食べ物の残骸でごみ屋敷のようになり、ついには排泄も手近なビニール袋やペットボトルを使用して、涌いてきた虫たちとともに、それに取り巻かれて死んでいく。食材を買ってくることも、食事の準備をすることも、辛くてできないほどになった人は、家族など、世話をしてくれる人がいない限り、食べることをすら断念してしまうことでしょう。

「人間はみな死ぬときは一人だ」とパスカルは書いています（『パンセ』）。

病院の待合室で待っているのは生き続けるためでしたが、ただそれだけのためでした。生き続けた結果何かをするという目的があれば、待っているあいだもその準備をすればよいわけです。多くの病気ではそうかもしれません。ですが、がんは、そうではない。一旦がんになったなら、それはいつ再発転移して、どんな目的も達成できなくなるという可能性のもとにあるということなのだからです。

谷川俊太郎は、死を「魂だけのすっぴんだ」と書いて（『さようなら』）、すべての臓器に「さようなら」をいうのだといいます。至るところの臓器を手術した末期がんの人ならば、生き延びようと頑張ってきた臓器たちに対して、遂にはそんなあっさりとした気持になれるのかもしれません。

†寿命

がんと戦うのは虚《むな》しい。それで、戦うのはやめて、「がんとともに生きる」というレトリックを使う人も多いようです。だが、いずれにせよ、それは恩赦を待つ死刑囚のような生活をすることです。

がんの闘病をするということは、発病した年齢にもよりますが、平均寿命まで生きるため、あるいはそれ以上に生きるために今を耐え忍ぶということを意味します。「治療を打ち切る」という治療方針があるのも、患者の体力の問題以外に、平均寿命まで生きればまずまずではないかという、本人の生とは無関係の暗黙の了解があるからではないでしょうか――しかしそれがどんな意味で人が死んでいい理由となり得るのでしょうか（標準治療による棄民ではないのか？）。「寿命」という概念は、今や単なる生物学的現象として、生のマラソンランナーの最終到達点のようにしか捉えられていないようです。がんにならなかった人ならば、それぞれの事情で亡くなっていきながらも、百歳を超えて最長不倒距離を目指しています。そのようなものです。

老いていても、その人がいるだけで周囲の人たちを喜ばせることのできるような「余生」が可能ならそれもいいでしょう。それにしても、がん患者の、寿命に対する苦痛の受容のその取引（ディール）は見合うものなのでしょうか――死がひたひたと迫ってくるという意味での「余命」とは、そういう意味のものなのでしょうか。余命が宣告された人にとっては、どんな挑戦も難しいのです。

挑戦とは、自分の生活を組み立て直すということです。生の拡張――生活を絶えず組み立て直そうとすることこそ、生きているということです。

八十歳を過ぎても現役で活躍する経営者や研究者がいる一方で、数年で再発転移するかもしれないがん患者にとっては、何歳であれ、経営や研究のような長期的な計画は不可能です。最低でも五年生存するために一年以上の辛い治療とその後遺症を、そしてその後の再発転移をチェックする検査の日々を受け容れるほかはありません。病院で検査と治療を受けるのをただ待っている生活と、社会の中で自分の役割を果たしている生活はあまりに違います。夢と現実ほどに違います。いずれが夢で、いずれが現実なのでしょうか。

とはいえ、私は何をいっているのでしょうか、六七歳というのは昔なら立派な寿命なのではないでしょうか。長生きだったとされる年齢ではないのでしょうか。私にとって、老いについては、それは老人たちの特性のことでしかありませんでした。皺が多く、肉が垂れ下がってとぼとぼと歩く人たち。眼や耳がよくなくて意思疎通が難しい人たち。それは、まもなく死んでいくことを示唆する兆候に過ぎませんでした。

しかし今、若い人たちとおなじ場所で、若い人たちと似たように活動する七十代の人々を見ると、私はうらやましいと思います。

北斎は、七十歳を過ぎてから「画狂老人」と自称して、優れた作品を制作し続けました。私も七十歳になりたいものです。それは死の兆候ではなくて、——多くの人がそれ以下の歳で死んでいったのだから――、生の勲章なのです。

人はいずれ死にます。だがしかし、それは今ではありません――人はいよいよ死が切迫するまではそう思い続けることでしょう。「見るべきものは見つ、今は自害せん」と、死に際して平敦盛が述べたといいますが（『平家物語』）、私もそのような境地に達することができるのでしょうか。

「末期の病人に対する延命措置は必要ない、無意味だ」と主張する人たちがいます。医療体制にとって、社会保障費について、それと意識の乏しい本人の苦痛を考慮に入れると、という合理的な判断としてです。

しかしながら、人の死に方は、たとえ意識が混濁してきたとしても、その後も生き続ける他人たちにとやかくいわれるようなものであってはならないでしょう。事実として本人の意思確認なしに延命措置が停止されることがあると聞きますが、「やむを得ない」ということは「正しい」こととは別なのです。

本人もそう考えたのならいいのですが、しかし死を質にした取引は、死が何か分からないだけに計算不可能です。意識のあるかぎり、多くの人は死なない方に常に賭けると思います。しばしば希望は最良の薬であるといわれますが、それは、体からは決して抜くことのできない鎮静剤の一種なのかもしれません。

†がんと老化

がんは、多細胞生物の身体が、その形態と機能を維持するために必ず行わざるを得ない新陳代謝の異常から生じてきます。しかもその異常は、細胞の持つ分裂再生する能力に依拠しています。多細胞生物の、その生命を維持するのに貢献し、アポトーシス、すなわち、みずからはそのために後から生じた細胞に場所を譲って死んでいく無数の体細胞の不思議な性質に依拠しているのです。

逆に聞きましょう、個々の体細胞は、なぜそうした多細胞生物である個体の生命維持に貢献しなければならないのでしょうか。多くの単細胞生物が、がん細胞と同様、ひたすら分裂して数を増やし、それをもって生きるとみなされているのに、です。

体細胞に、アポトーシスを受け容れる理由はないように思われます。まして、個体の死を受け容れて、個体とともに滅びなければならない理由はありません。死者の毛髪や爪が伸び続けるように、個体の死後、体細胞は時間をかけて少しずつ死んでいきます。

個体の死も、個体自身には受け容れなければならない理由はないように思われますが、がんは、その個体の死の裏返しです。個体であるということは、数十兆個もの体細胞に、そうした不条理を押し付けているということにはならないでしょうか。

とすれば、細菌類が絶えざる進化を繰り返しているように、体細胞のそれぞれは、みずからが生き延びるためにがん化しようとして進化するといってもいいのではないでしょうか。この進化こそが、地球上に多様な生物を生みだした現象でもあるならば、それもまた「生」なのではないでしょうか。生命であることのおなじ理由によってわれわれの身体があり、そしてがんが発生するのです。

あえていうならば、がんの原因は、われわれが多細胞生物であり、形態と機能を維持するために新陳代謝をしているというところにあります。だから、もし前がん細胞の発生をもってがんと呼ぶのであるなら、人はみな、生きている限りはがん患者なのです。

しかし、それでもなお無際限に増殖するがん細胞によって健康が損なわれるとき、それが「病気」と呼ばれることになります。日常的な語法としてはそれでいいわけですが、ただし、その場合には、——遺伝子の変異を通じて老化が進むということであるからには——、老化も病気の一種ということになります。

そこにもまた、一つの問いがあります。人はなぜ老いるのでしょうか。その理由もよく分かってはいません。あたかも道具がくたびれて染みがついていくように、あるいは機械が古びて錆が生じていくように、人体も否応なく歳月を、その表面ばかりでなく、内部のメカニズムにまでも刻み込んでいくかのように見えます。

しかし、それらは比喩でしかありません。老化の原因は、諸説があってはっきりしませんが、遺伝的にプログラムされているという説や、遺伝的異常が蓄積されるという説があります。後者であるとしたら、それはがんの定義とほぼ同様なのです。

たとえ死がプログラムされているにしても（テロメアというタイマーが遺伝子内にあるそうです）、老化という、身体が衰えていく現象は不要なはずです。若い体のままぽっくりと死んでも身体メカニズム的には差し支えないはずです。遺伝子の少しずつの損傷？――しかし修復メカニズムがあるはずではないでしょうか、われわれはなぜ老化するのでしょうか。老化の中に、がんができるということも含まれているのでしょうか。

樹木や魚類には老化のない種もあるようですから、プログラムされているというのは本当かもしれません。ですが、その意味では、がんもプログラムされているということにはならないでしょうか。そもそも、この「プログラム」という擬人的な説は、何せ、あたかも人間が機械を作るような調子で生物を説明するだけであって、想像の域を出るものではありません。しばしば「老衰」という語が死因の一つとして取り上げられますが、それははっきりした原因がなく、衰弱して亡くなったという意味です。老衰は、脳卒中や肺炎という死因とは質が違います。がんによる死は、その意味では老衰に近いといえるかもしれません。老衰もがんも、身体の知られざる仕組の中から、生き続けることが困難な状況が生まれてくる現象を指しています。「不死プロジェクト」というものもありますが、いずれについても、分からないことは分からないということです。

†老いたということ

結局、です。がんになったということは「老いた」ということだ――私はそう思ったのでした。気づくと、いつしか子どもたちがおとなになっており、――浦島太郎のようにして――、知らないあいだに私は老人になっていたのでした。

がんになって、人は、自分が老いたということを自覚しないでいられるでしょうか。がんになったということは、第一には、それによって死ぬかもしれないという不安のもとにあるということですが、第二には、そのような歳になったということでもあります。老いは、必ずしも死に直結するわけではありませんが、それがさし迫っていることを含んでいます。がんになったということは、それ抜きには語れない歳になったことを指しています。

がんになって、人は自分が老いたということに、否応なく直面させられます。それまで漠然と積み重ねてきた年齢の数が、忽然《こつぜん》とその意味を露わにします。老いていないふりなどできません。がんは、眼の前に突きつけられた老化です。老化の縮図であり、劇的老化です。

若い人でがんになる人も少なくはありません。それは悲劇です。しかし、多くの人は、歳をとってからがんになります。事故や感染症や戦争や、他の致死的な出来事に出会わなかった、あるいはうまくやり過ごしてきた幸運な人々のもとに、死神の衣装を纏《まと》ってがんがやってきます。それは悲劇というよりは、もろもろの致死的な出来事を乗り越えて、最後に到来するような出来事です。あたかも、それまで健康に生きてきた人に、人生の清算を迫るかのようです。

一旦がん患者となったなら、人は、がんを克服しようとする療養生活の中に埋没しながら、それと並行して、老いの中へと静かに深く入り込んでいくしかありません――昔見た老人たちのように、何もせず、ただ座って自分の息の音を聞き、まどろみながら時の経つのを待つという生活。

とはいえ、健康になるのを待つだけの何もしないこの一日も、それが再発転移して死の床についた最後の一日であって、あと一日生きていたいと願うような状況であったなら、そんな風に過ごすのには耐えられないことでしょう。今、そのような一日分を、毎日無為に費消しているのかもしれないと想像するならば、誰しも狂おしい気持にならないではいられないことでしょう。

†永遠の若さ?

がんになることもなくゆっくりと老いていく人たちはどうなのでしょうか。その人たちは、その年齢ごとにそれらしい振舞をしているうちに、老人の行動様式や態度を身につけていくのでしょうか。

しかし、歳とともに自分も変わっていくということは、どんなに難しいことでしょうか。それだけの経験をしてきたのだから人は変わって当然なのに、どうして人は変わろうとしないのか、「いつまでも若い」などといわれることが、実は恥ずかしいことなのではないかと私は思い始めました。

周囲を見渡すと、至るところ老人の顔があります。美術館の門に列をなして入っていく小奇麗な格好をした老人たちの群れ。現在は三〇%ということですが、二〇四〇年頃には約四千万人の六五歳以上の人たちで、人口の四〇%を占めるそうです。見るところ、がんになっていない多くの年寄りたちは、いつまでも自分が若いという意識を持って、老いを拒否しようとしているようです。

かつて「おとな買い」という言葉がはやりましたが、若い頃にはなかった金銭的、時間的ゆとりをもって、若い頃の趣味を再開することです。出会う対向車のスポーツカーには、しばしばひさし付の帽子を被った老人男性が座っていて、トロトロと運転しています。若者たちとおなじような格好をし、美術館や劇場や、山や海や海外へと方々に出かけていく、あるいはまた、さまざまな社会活動に参加して、若者たちとおなじ経験をしようとする老人たち。

若々しい身体を保つ人も、少数ですが存在します。そのためにジムに通い、ジョギングをしています。紫外線が皮膚を傷めて老人肌にしてしまうということをふまえて、ひたすら家に籠《こも》もっている私は少数派のようです（絶えず片側からのみ太陽光を浴びていたドライバーが、顔の半分だけ老化してしまったという画像を見たことがあります）。

それほどに、現代は若さに価値を与える社会です。若さに対する「青い」といった表現、無能だとか鈍感だとか単純だといった響きはそこにはありません。若者たちの服を着る老人たち、若者たちのようなヘアスタイルの老人たち――年齢強迫症の老人たち。

だが、それで何をしようというのでしょうか。「若々しくする」ということは、もはや若くはないということではないのでしょうか。もはや若くはないということを、周囲にのみばかりではなく、自分からも隠そうとしているのではないのでしょうか。老いを拒否するために何でもするということ自体が、老いの兆候なのではないのでしょうか……。

若々しくすることに汲々としている老人は、前提として、自分が老いつつあることを知っているわけです。そのことだけでも若い人たちから見下されるだけの理由はあると思います。「若いですね」といわれることは、――褒《ほ》め言葉のように聞こえますが――、実態としては老いている、老いていることに価値はないとみなされているということです。いずれ人は老います。老いない人は、老いる前に死んだ人だけです。

老いを認めないということは、老いの先にある死を考えないようにと、老いを遠ざけようとすることです。死を考えないことは、生を考えないことです。人生とは何か、自分の人生とは何だったかと、思考しないようにすることです。そして突然の死を迎えます。その方が、死を思考して受け容れる生よりも、もっとよい生なのでしょうか。

六五歳を越えた人々は、概して、健康寿命といわれるその後の十年間を、老いを遠ざけ、若さを保つために使うようです。健康であること、長生きすること、——逆説的ですが——、要するに生き続けることが生きる目的となるのです。

彼らは自分の体や心から、老いを追い払おうとしているのですが、しかし、そのままに死ぬ人は少ないのです。その十年が過ぎたのち、衰えの来た身体のもとで、彼らはどのように生きていくのでしょうか。

人々は、六五歳を過ぎた年寄りを、九〇歳の年寄りより少し年下だという位にみなしていますが、そこには年数が圧縮されるという錯覚があります。六五歳から九〇歳までには、メルカトール図法の逆ですが、極北までに意外に広大な人生の大陸、二十五年間があります。これは赤ん坊が産まれてから、社会人として活躍するようになるほどまでの年数です。老いとは、そんな長い年数の期間なのです。

老い——世間からは隠されているが、何もせずただ座って時の経つのを待っているかのような生活。結局はそのようなときがやってきます。それを悪い生活であるようにみなすのは、若い人たちであり、老いを受け容れようとしない、心は若い老人たちです。

†老いの価値転倒

幼い頃、父親に連れられて本家の大叔父のところに年始の挨拶に行ったことがあります。父親の恐縮した態度もあって、私はその歳とった大叔父に特別な雰囲気を感じました。彼は福岡の街で手広く商売をしている経営者でしたが、彼には、歳をとっているというだけではなく、別種の人間、妖怪に通じるような別格の存在者であるという雰囲気がありました——しばしば政財界に見出だされるそうした人物たち。老人が纏《まと》うオーラ。

所詮、たまたまそうしたポジションについただけのことでしょうが、死者を遇する葬式における人々のように、人々は、万能の威厳を持った人物を老人に見て、その言葉に耳を傾けます。それによって、老人たちはオーラを身に纏うのです。

しかし今日、老化の諸現象は、もはや豊富な経験や深い思索を表現するとは解されなくなっています。「月下老人」など、老人は、古代中国では尊敬すべき人の称号を示す語であったのに、いつからかは分かりませんが、よくないイメージのものとなってしまいました。それで老人とはいわず、高齢者という語に替えられることになりましたが、さらに歳をとった老人たちを「後期高齢者」と呼んだ役所には、再び非難が浴びせられました。名称を替えることによって、その名によって示されていたもののイメージを変えられるかどうかは場合によります。シルバーエイジ？——老人については、特に難しいようです。

そのようなことになった理由は、はっきりしています。西欧近代文明のせいです。前近代においては、老人たちは若者にとっての貴重な情報源でした。とにもかくにも生き延びて、さまざまな知識を持つに至った人物です。長老としてのアドバイスほど、若者たちにとって貴重なものはなかったでしょう。

ですが近代になると、立場は逆転してしまいます。文明は進歩し、科学的知識は増大し、それを学んだ若者が年寄りに対して生活を改善することを要求します。子どもは、知識を獲得するために学校に通うことが義務となり、それに加えてさらに長い期間のモラトリアム（猶予期間）を認められて、「青年」と呼ばれるようになりました。子どもであることに、ただ不完全なおとなということではなく、「若さ」ということの価値が生まれたのです。ルソーによると、その時期にこそ「情操」が育《はぐく》まれるとされます（『エミール』）。自然に従い、人間としての自由な生き方を身につける時期としてです。

そうとなると、年寄りとは、古びた因習に固執する、厄介で無能な人たちのことだということになるのです。年寄りたちは隠居して、若者たちがお情けで与えてくれる恩恵を黙って受け容れていればいいとされてしまったわけなのです。せめて終活でもしておいてくれといわれるわけです。

†終活？

今日、終活なるものが推奨されています。病気になったらどうするか、胃瘻《いろう》などして延命するか消極的安楽死にするか、葬儀はどのように行うか、遺産はどう分けるかといったことを指示しておくということです（家族にそれを押し付けようとする厚生労働省の「人生会議」という妙な概念もあります）。

ですが、それが可能なのは、おそらくは大多数、元気なお年寄りたちです。

それらの指示をしておくことは、合理的に考えれば必要なことですが、合理性は「健康な人の国」に属する人の思考に備わる美徳なのです。終活する人は、あたかも死にゆく人の一事例としてしか自分のことを考えていないのでしょう。

しかし、例えば末期がんで、数ヵ月後には救急車で運ばれて入院し、意識混濁に陥るのが確実な人のように、近い未来に自分の死が巻き込まれることが見えてきたとき、その人に合理性を期待することはできません。生きる意欲がある限り、それは死の可能性とは調停のしようがないからです。

矛盾していようと不可能であろうと、結局は周囲に迷惑を掛けることであろうと、その人の意思は迷走します。周囲がその人に迫る合理的な思考は、そのような人に対しては、無慈悲で強圧的な要求として現われているのです。

老人になることは、「病気の人の国」に入るということです。「健康な人の国」に属する人たちは、老人たちが「病気の人の国」のスクリーンの背後に回り込んでいって、その向こうで、病院や老人ホームといった施設や、一人引き籠っているアパートの一室で、アウシュヴィッツにおけるように、死に向かう行列を作っているとでも見ているのでしょうか。

†老いの自覚

師である相良亨先生が、ある年の年賀状に「私は老人」と書いておられました。一線を退《しりぞ》くという意味なのか、もはや気力がないという意味なのか、私としては少し寂しい気持がしました。私は自分を老人と捉えることの意味について、当時、あまり理解が及んではいなかったのです。

生まれて以来経った年の数が身体に与える変化は、それが増えるにつれて姿を現わしてきます。機敏に動けなくなったり、疲れ易くなったり、いくつかの病気を抱え込んでしまったり、というようにです。知性という観点では、記憶や推論が甘くなったりもするでしょう。

もっとも、私には、少なくともがんと診断されるまでは、そうした兆候に気づけてはいなかったのです。若い頃から頭痛持ちで疲れ易かったので、つまりもともとの体力がなかったので、体力の衰えは感じませんでした（最近は身の回りのモノが妙に反抗的になっていて勝手に転がり落ちたりはします）。知性に関しても、――その水準を判定するのが自分の知性だからでしょうが――、若いときとおなじように次々にアイデアや発見が生まれてくるように感じられます――これを書いている今もそうです。

とはいえ、顔を洗って鏡を見たとき、そこに映っている自分の顔に驚かされます。この年寄りは一体誰なんだ？――皮膚には皺や染みが増えてごつごつしてしまっている。白髪が混じって細くなってしまった髪の毛。ふと見ると、赤ん坊の肌のようだと自慢していた二の腕の皮膚がぶよぶよになり、首にはいつのまにか細かい縦皺ができるようになっている――普段は三十代の頃の風貌の記憶でもって振舞っているというのに……。

老人は、歳をとるにつれて眼がよく見えなくなり、音がよく聞こえなくなり、味に鈍感になる。その結果、身の回りの処理が雑になって扱いにくい人間になる――老いは、ボーヴォアールが分析しているように（『老い』）、皮膚の内側と外側からやってきます。皮膚の下の内臓諸器官の無理が利かなくなり、骨格と筋肉の衰えが素早い動きを不可能にします。皮膚の上に現われる顔やシルエットや動作は、否応なく歳月を感じさせます。

これらは年齢の数に正確に比例しているわけではなく、五〇歳頃から個体差が大きくなっていくし、タレント業の人々の中には、筋トレや整形美容によって信じられない若さの見かけを保持する人もいます。それでも、身体のこうした皮膚の内外の変化は、自分には隠しおおせるものではありません。

意識の持分を重視するボーヴォアールは、老いは対他的であると主張しています（『老い』）。すなわち、他人の視線を通じてしか気づかされないというのです。意識はそれを受け容れられず、多様な手段でそれを否定しようとしますが、その結果、人は老いから死へと漸次《ぜんじ》に移行することができなくて、死が到来するとき、それは意識にとっての事故でしかないということになるというのです。

ボーヴォアールは、死は生の反対物ではなく、あたかもアーチ橋の二つの橋脚のように、生を支えるものであるとしています。そして、老いこそが生の反対物なのだといいます。老いは、生のパロディのようなもので、生からその意義を奪ってしまう、だから人はそれを受け容れられないのだというのです。

自分の老いを対象化させるものは、社会的文化的な基準でしかないというのは本当でしょう。とはいえボーヴォアールも認めていますが、彼女は重病になって担架で運ばれていくときに老いを感じたといいます（『老い』）。

老いは皮膚の内外からやってきます。生理学的生物学的な特性を指標として、老いと若さの社会的文化的な差異ないし差別が押しつけられます（余談ですが男性と女性の関係もそうです）。それが時代や制度や習俗によってまちまちであるとはいえ、しかし、本人にとって重要なことは、社会的文化的な老いではなく、生理学的生物学的な身体の変化の意味を、自分がどのように受け取るべきかと「思考する」ことではないでしょうか。

†怒りは愛の欲望である

やがては到来する本物の老い――若さを追求する年寄りたちにも無慈悲にやってきます。ゾンビのように街路を彷徨《さまよ》う老人たち。信号や横断歩道を無視して、自転車で、あるいは引きずるような足取りで、ふらふらと道路を横切ろうとしている。そしてまた、突然、傍《そば》の誰かに向かって怒り出す老人たち。店員が失礼なことをいったのか、たまたま隣りあった人がマナーに反することをしたのでしょうか。しかし、大声で怒鳴るほどのことなのでしょうか。

怒るのは、相手が努力すれば自分の都合のよいように反応してくれると前提しているからです。いいかえると、怒りは、相手から愛されることを期待しています。「特別扱いして欲しい」と叫ぶようなものです。もし対象が自然現象のようなやむを得ない事情の場合には、人は怒ることもなく、ただそれへの対処をどうしたらよいかと考えるでしょう。

怒りをぶつけられた相手からすると、その人を愛し、その人の都合のよいように振舞うのは難しいことです。人は、自分にとって重要な数名分をしか愛することができないように思います（自分自身を支えられない人が他人を支えようとすれば共倒れになるだけです）。

人類全体を愛するなんて、――キリストがいったことをコントが哲学風にいい直していますが（『実証哲学講義』）――、それは人類という概念を愛しているのであって、誰も愛してはいないのではないでしょうか。

なるほど、チームや組織や国家への「愛」というのもあります。それは愛というよりも、複数の人で作る仮想の身体の手足となって、勝利ないし新たなものを作り出す群れの快楽のことです。それが国家の細胞となってアポトーシスを受け容れるというようなところまで行くと、それはタナトス（死の衝動）そのものだというほかはありません。

愛するということは、単なる思いやりではありません。余力のある人がそうでない人を手助けするといった程度のことではありません。自分の状況よりも先立てて相手を助けようとすることです。何もできなくても、助けが呼ばれれば、自分が苦しくなるような状況でも、今やっていることを放り出して駆けつけるといったようなことです（例は悪いですが謡曲『鉢の木』のようなものです）。だから、数名分しか可能ではないと思うのです。

そもそも、すぐに怒り出すような相手を愛することができるでしょうか。それなのに、愛されるべき数名分に入れてもらえるかどうかを吟味せずに、無際限に、つまり自分が愛することのできる人数以上に相手に愛してもらおうとするのは、子どものようではないでしょうか。

怒りはトラブルのもとですから、どうやってそれを抑えるかなどと、自己啓発本は教えようとします。例えば、六秒間待つことができれば、怒りを表現しなくて済むといいます。怒りは病気だと教える本もあります。

他方で、「正当な怒り」というものもあってしかるべきだと考える人も多いようです。なるほど浅薄な判断によって自分の行動が制限されたり、自分の生活が変化させられたりするとき、人は怒りを覚えます。しかし、もし人間の本性が、そのような判断をする愚かさにあるのだとしたら、重力のせいで翼がなければ空を飛べないのとおなじように受け容れて、面倒でもそれへの対処を考えるほかはありません。ちょうど、狭い道ですれ違いできないような運転をする対向車に出会ったとき、マナーが悪いといって怒るよりも、そのドライバーに技量が乏しいとみなす方がずっと対処し易いようにです。

そもそもおとなはあまり怒らないものです。子どものとき、親が自分の面倒を見てくれるのを当然として、それを得られなかったときに怒る感情を、成長して他の人に対して期待するのは不当なものだと学んだ後には、怒らない訓練を積んできたからです。怒りは子どもっぽい感情だと思います。否、怒らなくなれば、おとなになったということです。

怒るような場面にしても、おとなならば、まずその怒りが正当なものかどうか吟味します。物品であれ、お金であれ、配慮であれ、尊敬であれ、何か自分が当然受け取るべきものを受け取っていない、ないし奪われているのか——これに抗議すべきなのかどうかと吟味します。

しかし、受け取るべきものの水準は社会によって、状況によって異なります。標準からすると相手に余分なものを提供させようとしているのかもしれません。だとすると、相手が自分の抗議を不当なものと解するでしょう。正当であったとしても、相手がそれに応じず、さらに不当に奪おうとするかもしれません。そうした場合は、裁判するほどの重大な場合を除いて、抗議を重ねても得ることがないのだから、切捨てて忘れるほかはありません。そのような相手と関わったのが不運だったのです。時間が、そのトラブルの気持の悪さを癒してくれます。一週間もたてば忘れることができるでしょう。

ここでいう「標準」とは、互いに平等な人間として相互に譲り合うべきレベルのことです。どちらに権利があるともいえない物事に対するレベルであって、譲られた方が譲った方に礼をいうようなレベルです。

怒る人は、無際限に自分に対してより多くを提供するようにと要求します。意識としては自分が不当に奪われていると思っているのですが、標準からすると過大なものを期待しているからそう思うのです。なぜ自分だけにそうした恩恵があってしかるべきかと考えてみたらよいでしょう。親でもなければ、誰もその人にそうした恩恵を与えようとすることはないでしょう。

もしそう見えるとしたら、権力や財産があって、周囲の人がその人から利益を受け取ることができるときです。実際、それに媚《こ》びることによって利益を引き出そうとする人たちがいます。幸運にも権力や財産のある立場に就《つ》いた人は、いつしか社会の標準を忘れてしまうでしょうし、その権力や財産がなくなっても、周囲におなじことを要求するでしょう。それまで何でも世話されていた赤ん坊が、躾《しつけ》によって、一人でするように強いられたときの反応と同様です。

さらには怒りにとどまらず、恨みとなって、それを思い起こさせるすべての人に食ってかかるような人もいます。悪の再生産が行われています。そういう人がいたら、即座に距離を取り、関わらないようにすべきです。そのために威嚇する必要があるかもしれませんが、——やり過ぎると「ハラスメント」になるかもしれませんが——、それは怒りとは異なったものです。犬が牙を剝き出して唸るのは、怒っているのではなく、「自分に構うな」と威嚇しているのです。怒るのはニンゲンだけなのです。

ましてや、自分がそれを癒《いや》すことができるなどとは、勘違いしない方がいいでしょう。本人自身が、それに苦しんでいること、それで他人に不当な苦しみを与えていることに気づいて、そうした行為を改めて貰《もら》うほかはないのではないでしょうか。

本人に対してはこういいたい——怒った瞬間に、「愛してくれよ」という言葉に言い換えてみよ、と。相手があかの他人なら、自分が恥ずかしくて、情けなくなって、怒る気力も消え失せてしまうのではないでしょうか（愛してくれないことに対してさらに怒るストーカーは論外です）。権力や富を目指そうとも、人生は、他人に対しては根本的に無力です。おとなにとって、愛されていないと感じるときに生じる感情は、怒りではなく悲しみなのです――受け容れるほかはないものに対する感情。

†子どものような年寄り

深夜、白っぽい着物姿の年寄りが、暗い路地に一人佇《たたず》んでいるのを見たことがあります。帰る道を思い出せないのでしょうか、そもそも帰るべき場所がないのでしょうか。

老人特有の怒りについては詳しく述べましたが、養護老人ホームには、介護士たちにやたらと威張る年寄りや、セクハラをする年寄りや、ウソをつく年寄りや、乱暴なこと、不潔なことをする年寄りたちが多くいるそうです。どんな人生を歩んでこようと、子ども時代の性格がぶり返してしまうのだと聞きました。

あるいはまた、一人アパートに住んでいて、自分の部屋をゴミ屋敷にしたり、野良ネコやカラスに餌をやっていたりする年寄りたち。行政が手をつけて、近所迷惑にならないように、そして孤独死をする前に、後見人をつけ、精神科医に病名をつけてもらい、措置入院（強制的に精神病院などに入院させ監禁すること）させて部屋を片付けるそうです。

みんな認知症の老人なのでしょうか、――以前は「痴呆症」と率直に呼ばれていたように――、老化するとは痴呆になる、ボケる、「恍惚の人」（有吉佐和子同名小説）になるということなのでしょうか。（アルツハイマーなどの脳疾患は別として）老いるとは、知性を失って動物に成るということなのでしょうか。老いた顔の下に、小動物が潜んでいるかのようです。

動物は、なるほど発情期が過ぎれば、日々食べては排泄し、眠るだけです。しかし、動物がその理由で蔑《さげす》まれているとは思えません。蔑まれているのは、卑怯なことをしたり、弱いものいじめをしたり、嫉妬したり、欲望に溺れたりするニンゲンなのです。

それにしても、若い時分に随分苦しめられた性衝動が、次第に穏やかなものに変わってきます。かつては性衝動を自己の側に見てそれを追求し、次々と異性と関わっていく裡《うち》に、それで依存症のようになって人間関係を破壊してしまった人もいるでしょうし、それを他者の側に見て、それに付き纏《まと》われるのを避けて自分の課題に集中しようと努力するあまり、それで家族関係を築き損なった人もいるでしょう。ですが、歳をとるとそこから解放されます。

性衝動が弱くなったというべきか、性衝動に対して強くなったというべきか――そのことを激しく惜しむ人もいるようですが、むしろ、異性であれ同性であれ、他の人々が、性の関わらない違った見え方で現われてくるのはまた、悦ばしいことなのではないでしょうか、性衝動を若さの証拠のように捉えて求め続ける人は、老いについて思考するのを拒絶している人ではないでしょうか。むしろ人生の長い期間、――夫婦にでもならない限り――、異性と互いに人として触れあうということが妨げられてきたという側面もあったのではないでしょうか。八〇歳、九〇歳になろうとも、身の回りのことを自分で片付け、しっかりとした記憶とユーモアで、身をもって人生の知恵を示してみせる老人たちもいます。本来は彼らを「老人」と呼んでいたものでしたが、ただ長生きをする人が増えた結果、困った年寄りが眼につくようになったのでしょう。まるで手がかかるばかりの子どものようです。人格の仮面（ペルソナ）の下には子どもがいます。

†おとなと子ども

おとなに成ること――おとなへの関門があるようです。人は若者たちに向かって、「おとなに成れ」といいます。失敗したら「まだ子どもだ」といいます。子どもであることはよくないことなのです。おとなに成ることは道徳なのです。

年齢に数をのみ見、若さを維持することによってそれを相殺《そうさい》しようとする人たちは、「歳をとる」ということの意味を知りません。そのような人たちは真にはおとなにならなかった人です。彼らにとっての若さとは、子ども時代に留まるということなのでしょう。

デパートの床の上を転がりながら、自分の欲しいものを買えと泣き騒ぐ子どもたち。だだをこね、ものを壊し、あるいは興奮してはしゃぎ過ぎ、大きな声を出し、走り回り、親のいうことを聞かずに周囲に迷惑をかけて、おとなたちを困らせます。

子どもは不可能なものを望み、それが手に入らないのは周囲のおとなたちのせいだとみなして、泣き叫べばおとなが実現してくれると考えています。自然法則も経済的条件も知らない。思いついたことをあとさきを考えずに実行し、自分や周囲の人たちを危険に陥れます。

おとなだったらどうするか。可能なものをのみ望み、それを実現できる手段を選び、他人に危害や反発を与えないか配慮しながら、労力と時間をかけてそれを手に入れます。しかも、そうやって手に入れたものを、自分とともにある人々に、ただそれだけの理由で分け与えさえするのです。

とすれば、いわゆる困った年寄りたちは、「子どもに還《かえ》る」わけではありません。子どもの真似をしているわけでもありません。子どものままだったおとなが、社会的人間関係を自分の利害に関して調整する気力も失せて、子どもと似たような振舞をするようになってしまったという次第であるに違いありません。いわば、「おとなの仮面（「人格」と訳されるペルソナ）」を外したのです。

子どものままに永遠に生きようとしているわけではないようです。子どもに還ってしまった年寄りとは、もとよりおとなに成れなかった人――そういうことではないでしょうか。「老化」という言葉が指しているのは、それでしょう（いい表現ではないですが「老いぼれた」ともいいます）。「三つ子の魂百まで」といいますが、おとなに成らなかった人たちは、どんなにその人の状況を考慮したうえでその人がなすべきことを理路整然と語ろうと、――その言葉の意味は理解するものの――、決して考えを変えようとはしません。そこでの「考え」は直感（サンチマン）に過ぎず、その直感が由来する情動を自分から切り離そうとはしない、克服しようとはしないのです。要するに、「おとなに成ろう」とはしないのです。

それを「発達障害」と呼ぶべきでしょうか。否、――あるいは精神分析のいう「エディプス・コンプレックス」を持ち出すまでもなく――、どんな人もおとなに成ること、群れに適応することに苦労しているのです。その苦労の結果に二通りあるということです。真におとなに成った人と、おとなの仮面を被っているだけの人（それであっても成功者となる人も多いとは思いますが）。

近代の、理想的人間像へ向かって「成長」することを前提する人から見ると、子どもはみな発達障害なのですが、その中で、――おとなの仮面を被《かぶ》り損なって――、たまたま人生の袋小路に入ってしまう人が病的とされるのでしょう。

真におとなに成ることは、むしろ道徳なのです。それを道徳と呼ぶのです。自然に、ひとりでにおとなに成るわけではありません。おとなに成るということは、無理をして、もはや子どもではないものに成るということです。

おとなからは子どもが何であるかは分かりますが、子どものままである人には、おとなであることがどういうことかが分かりません（ここにも「おとな」と「子ども」のあいだの特異な差異があります）。子どものままでいる人たちは、周囲の人々が自分を配慮して支援してくれるはずだという前提をどうしても捨てようとしませんし、自分の親に期待してきた関係をそのまま社会で出会う人々に期待します。しかし、そこには自分と対等な人々しかいないのだから、絶えずトラブルを引き起こすことでしょう。それを避けるためには、引き籠《こも》ってしまうしかないでしょう。

非難しているわけではありません。彼らは社会から押し寄せてくる群れの情動の波を防ぐ防波堤を作るのに失敗し、あたかも荒海に点在する孤島のように、安らぐことのできる港や入り江を持っていないということなのではないでしょうか。世界と人生とを受け容れてないから、理想や理論をそのまま現実とみなしているのです。

わたし自身、どうなのでしょうか。これまでの人生の中で、何人もの人が、それぞれの年代においてそれぞれに、理由も分からないままに私に目をかけてくれたり、頼んでもいないのに助けの手を差し延べてくれたりしたのを思い出すのですが、当時の私は、それに対して特別な感謝の念も抱かず、それに対する恩返しをしようともしませんでした。自分の見かけや才能がその人にとって魅力となっているのだろうと漠然と考えていました（まったく「子ども」だった！）。

もちろんそれ以上に、私の足を引っ張ろうとする人たちも多くいました。単に目障りだったのか、私の思うままにやらせると困ったことになると思われたのか……。小学生のとき、父からもらった外国製の定規を周囲に見せびらかしたら、休み時間のあいだに傷だらけにされていました。そのようなものです。今はもう、その人たちのことはどうでもよくなっています。

そうした人間関係において、私は今の境遇から振り返ると、ある程度すばしっこい方だったとは思います。自分に割り振られた責任を果たし、周囲の人々が望むことをその期待以上にうまく、素早く成し遂げるということ――「できる」といわれることが嬉しかった。だが、「ものすごく」ではありませんでした。私には、――マキアヴェリのいう「キツネのようにずる賢い」こと（『君主論』）――、人をたらすことができませんでした。真意を曲げて相手が喜びそうなことをいったりしたりすることができず、しばしば「生意気だ」とみなされてきました。さらになお、完全主義的なところがあって、中途半端なことをすまいとして、かえって引き受けないことも多々ありました。

われわれはしばしば「完璧にしよう」と考えますが、――デカルトはそのように人間が完全性を目指すところに神の存在証明をしましたが——、そうした完全主義には欠陥があります。それは「完璧にすることが可能かどうか知らない」という点において、したがって出来事の展開を完全に支配することができないという点において、その努力が原理的に完全にはならないからです。人生には、完璧にはなし得ないことが多々あって、それをふまえることの方が、完璧を求める完全主義的思考よりも深い思考なのです（神を求めるべきではないということか）。そのことを後悔したくはありませんが、そればかりではなく、今はそのすばしっこい生き方の価値自体を疑い始めています。人間関係は、「よくできる人間」でありさえすればいいのではないのです。

歳をとってからようやく分かります、若いときの判断は計算間違いだらけだったということを。二者択一の極端な選択をしか見出ださなかったり、その場限りでしか意味を持たない優劣にこだわったりしています。誘惑を善意と取り違え、真の善意に気がつくことができません。利害打算のために追従をする人と、ゆとりと寛容さから手助けしてくれようとする人の差異が識別できず、そこに常に何らかの利害打算があるとみなしてしまうのですが、ゆとりのあるおとなならば、例えば井戸に落ちた子どもを助けないではいられないように（『孟子』）、もがいている若者には寛容な気持になって、ただ手を差し延べてやろうとするものなのです——ただそれだけのことなのです（だから今は若かった私にそうしてくれた人たちに対して感謝の念でいっぱいです）。

†老人の寛容さとは

老人は、老人であるというだけで、自動的に尊敬されるわけではありません。若者たちの発言や行動を非難する老人、一つひとつの行為に善悪を見出だして、自分が正しいと思うルールに従わせようとする口うるさい老人がいるとすれば、それは子どものままに出来事の本性を理解せずに生きてきて、その結果、自分が期待するほどには尊敬されていないことに不満な老人です。

むしろ、多くの老人たちは若者の未熟さを大目に見るものなのです。耄碌《もうろく》したからではありません。自分の地位や名誉や富や人間関係については、ほぼ結果が出てしまっているのだから、老人はもはやそのことにこだわったり、競争したりする必要がないのです。だから、老人は寛容になることができるのです。

自分の身体がピカピカのものではなくなってしまった以上、他の生物であれ、事物ですらあれ、傷ついたもの、汚れたものに対する慈《いつく》しみやいとおしみの感情が湧いてくるようになるように思います（しばしば醜い老人たちが若者たちにその感情を道徳として強要しようとするようですが）。

老人が寛容であるということについては、——上手に歳をとった老人に限られるのですが——、理由はあります。それだけ経験が多いからです。

もちろん、いろんな経験をしたからといって、眼の前にあるさまざまな問題に対して、常に正しい答えを与えることができるわけではありません。おなじ条件のおなじ問題はないし、生活のスタイルは自分が若い頃とは随分と変わっているからです。どうすればよいかを教えることができるのは、職人芸のようなものに限られます。

しかし、孔子は述べています。「吾十有五而志乎学、三十而立、四十而不惑、五十而知天命、六十而耳順、七十而従心所欲不踰矩」（『論語』）。それは、経験を積むに連れて、出来事の展開についての蓋然性の程度（確率）を識別できるようになり、「正しい判断」をすることができるようになるということではないでしょうか。

若者の生き方を批判したり導いたりしようというのではありません。若者の生き方も、当人にとって価値あるものなのだし、時代や社会の自分とは異なった状況の中では、どう考えるのが正しいのかはいえないのだからです。

経験を積むとは、単に知識を増やすことではありません。上手に歳をとった老人は、その経験から、問題が生じてそれに対処しようとするときに、結果として大きな善悪の差異が出現するか、大した善悪の差異がないかの差異について分かるようになっています。知識の多寡という差異よりも出来事の差異、差異の差異を知るということこそが経験の本質なのです。

善悪の違いが小さいときは、若者は、やってみなければ学ぶことができないのだから、黙って見守っていてやることができますし、善悪の違いが大きくて、その結果が若者の人生に関わるほどのことであるときは、老人は、——どうすればよいかを知らなくても——、「正しいと思うことを精一杯やるのだ」と応援してやることができます。それが、老人特有の寛容さなのではないでしょうか。私も、そうでありたいと思います。

哲学的断章6 魂の声

古来、人の魂は、漆黒の夜空に輝く星のようなものであるといわれてきた。しかし、地球とおなじ無機物からなる天体と人の魂のあいだには、何の類似性も因果性もないように見える。星の運動とその星に対応する人の人生の転変を結びつける占星術は、宇宙のすべての現象は相関しているとしているが、どんなに絡み合った微かな因果性を想定してみても、それでもほぼ無関係といえるのではないだろうか。

しかし、今、私は魂と星の、ある類比（ロゴス）に気づく。現代の天文学は、夜空に見上げる星がその距離に応じて過去の星の姿であることを教えている。その光は、地球上の諸物体とは異なって、遠い過去をそれぞれに知らせている光である。単に遠くにある光り輝く物体を見ているのではなく、われわれはその物体の過去を見ているのである。

カントは、永遠のものとして「わが上なる星空とわが内なる道徳法則」（『実践理性批判』）

という言葉を残したが、彼はそのことによって、星の運行法則の永遠の正確さと、普遍的に成立するはずの人間の振舞の法則の道徳的正しさの等価について語ったのであった。

しかし、われわれは今、カントとは反対の意味で、おなじ言葉をいわなければならない。彼の比喩は正しいが、彼が天上に「永遠」を見ようとしていた点では間違っていた。天上に見るべきは「時間」なのであり、地上で忘れがちな各人の年齢の、それぞれの人が背負ってきた過去を見るという点をこそ、星になぞらえるべきだったのである。カントのいう「人格(ペルソナ)」とは、その人をその人たらしめる実体のようなものではなく、現在の知覚を超えて、その顔の皺や痣や弛みに応じた、その人がその人に成った過去を知らせるものなのだ。

したがって、出会う人の身体の背後にあるその人の魂は、星と同様の「過去」である。第四の次元は時間であるといわれてきたが、それはまさしく魂の次元である。魂とは時間を貫いて存在する実体のようなものではなく、あるいは「もはやない」というように過去が否定されて現在があるのではなく、時間が経つことの中に含まれる過去のことなのである。

もし人が老人の言葉に耳を傾けるとしたら、それは上手に生きてきた人たちの回想の中に、学ぶべきものがあると考えるからであるが、それはそこに経験から学んだものの量を推測しているのではなく、その人の過去の経験を知覚しているのである。

魂は、現在に存在する対象ではなく、蓄積された過去である。魂は、どこに存在するかも分からない、宇宙よりも広大な過去である。そこに宇宙も含み込まれているのだからである。「精神が宇宙を包む」といったパスカルの有名な言葉も（『パンセ』）、その意味で捉え直すべきであろう。

表情や仕草や言葉を含むその身体の知覚を通じてわれわれがその人に出会うとき、そこにあるのは身体の操縦者のようなものではなく、その身体のもとで多様な経験と行動をしてきた人の、その降り積もった結果としての表情や仕草や言葉である。その人につき従っている過去が、その表情や仕草や言葉を、単なる現象や直感の表現としてではなく、それまでに思考してきた「魂の声」として受け取らせてくれるのである。

（二〇一九年一〇月）

エピローグ

歳をとれば分かるようになることがある。歳をとらなければ分からないことがある。歳をとるのは誰にでもできるが、歳に追いかけられる人、歳に先走っている人がいる。歳を無視することはできないが、歳の通りに生きることは、さらに難しいように思われる。

†邯鄲の夢

歳をとると、老人たちの顔貌や姿勢、挙動や振舞を見て、自分には縁がないとはもはや考えられなくなります。身体の至るところ肉は垂れ、肌は汚く染みが入り、歯は欠け、顔は肥大してごつごつしてきます。髪は薄く弱々しくなって、白いものが混じってきます。

黙っていると怖い人物のように見えます。あるいは呆《ほう》けた不器用な人物に見えます。カフカの小説のように、ある朝気づくと甲虫になっていたかのようです（『変身』）。その姿を見て、誰もそれが「成長」した結果だとはいわないでしょう。もはや成長ではない、もちろん進歩でもないのです。

歳をとるということは、暗闇の中でおずおずと手を突き出しながら、摺《す》り足で進むようなものです。歳をとってはいても、人は前向きに生きようと考えますが、とはいえ、老人になると、前とは一体どの方向のことなのか。「前」とは未来のことなのか、過去のことなのか。十年後の私、十年前の私。死を前に宙吊りにされた老人は、否応なくそこに立ち止まらされ、閉じ籠められてしまいます。

過去のホームビデオを観るとすれば、――何のためにこうも撮り溜めてきたのだろうかとも思いますが――、それは、そこでこれからの自分を見つめるためなのでしょうか、すでに失ってしまったものを思い知らされるためなのでしょうか。そこにいるのは、被写体の子どもたちというよりは、カメラのこちら側、それを撮影していた若い私、すなわちすでに失われた私なのです。

子どもたちが産まれて、オムツの世話をしてやっていたのは昨日のことのように感じられるのですが、今や彼らは就職して、独り立ちしようとしています。「邯鄲《かんたん》の夢（青年が一生の夢を見て目覚めるとご飯の炊けるほどの時間しか経っていなかったという中国の逸話）」のような想いに囚《とら》われます。老いて人生を知るとは、夢を見ていたかのようにして、そこから覚めることのようです。

†若者と老人

若者たちの見出だす人生もまた、夢であるといわれます。未来に実現したいものとしての「夢」です。しかし、それは、眠りの中で見るように、経験の断片を寄せ集め、喜びや不安の感情で糊づけされたキマイラ（記憶を合成して想像された怪物）です。「何もかもうまくいく」というあり得ない物語は、人生は思い通りにならないとすでに気づき始めた不安によって縁取りされています。

その夢の中で、しかし若者は、老いについてはあまり考えないようです。老いるまでには長い時間がかかるからでしょう。無限のような時間——それが錯覚だということは間もなく分かるのですが、しかし若者たちは、老いについてはすでに老いた人のこと、他人に起こる出来事としてしか捉えていないように思われます。

それに対し、老人の夢ないし回想においては、若さは過去の経験であり、かつて自分がそうであった発想の仕方であり、仕草や身振であり、希望や不安です。

老いは若さの反対語ですが、老いは若さの反対物ではありませんし、若さは老いの反対物ではありません。若者は経験したことのないものと自分の現在の経験を比較しており、老人は記憶という朧《おぼろ》で誤り易いものを自分の現在の経験と比較しています。老人は、若さについて語れますが、その分だけ、しかし若さのもとに戻ることはできないのです。

年齢とは、その人が生まれて以来、地球が太陽の周りを回った数ではありません。人生を少年期や成年期など、いくつかの時期に分け、その直線的な切片《せっぺん》上のそれぞれの特徴を論じるのは、一部の老人と生命保険会社の見解に過ぎません。年齢には、若さと老いという相対的関係の不可逆的回転があるだけなのです。

そこにあるのは老いと若さの、根本的に共通性のないという意味での特異な差異です。その比較を客観的に行おうとするのは無意味です。老いが何であるかという了解は、それだけの年数を生きることによってしか到達し得ないのです。

ショーペンハウワーは、どの人においても意識にとってはいつも「今」なのだが、その今が、若者にとっては、死ははるか彼方で未来が開けており、老人にとっては、死は眼の前であり、過去に向かってしか開かれていないところが異なっていると述べています（『人生論』）。歳をとるということは、老いと若さの対立軸が回転して、未来の空想と過去の回想の比率が逆転し、いつのまにか反対側に移行していくということなのです――歳とともに、あるいはそれよりも少し早く、あるいは少し遅くですが。

老人たちが見出している人生は、死の予感でもあります。永遠に生きるかのように考えている若者に対して、老人は、いずれ死ぬとすれば、いつどのようにしてかと考えます――そう考えるようになると老人なのです。

老人は、すでに起こってしまって取り返しのつかない過去を再構成し、自身をともあれ何らかの「よい物語」の中に組み込もうとしています。歴史の思考とは、「クレオパトラの鼻」（パスカル『パンセ』）のように、反事実的仮想（決してあり得ないことを仮定して議論すること）の裏返しなのです。生はまだ終わっていないのに、あたかも終わった時点から今の自分を捉え直そうとしているのです。

†個体の進化論

思い出してみましょう、子どもの頃の夢のような時間。体はひとりでに大きくなり、いつの間にか早く走れるようになりました。怪我《けが》をしてもすぐに治り、すべすべの皮膚が戻ってきます。風邪をひいてもすぐに治り、再び元気で走り回れるようになります。

自分の意志や努力と無関係に、いろんなことができるようになります。そして、スーパーマン（超人）のような何者かに成ろうとしています。何者かに成って、自分を消し去ることすらもできるのです。

誰しもこうした魔術的な状態が永続することを望んだことでしょう。しかし、第二次性徴が現われる頃、いつしかそれも終わり、他のおとなとおなじように振舞わなければならなくなります。未開社会ではイニシエーション（入会儀礼）がありますが、その日以降は、おとなとしての判断を尊重され、おとなとしての行動を期待されるようになるのです。

そこからの人生には、二通りあるように思われます。

一つは、身体がおのずから新たな能力を提供してくれる魔術のような子ども時代から、おとなに成るために、ひとりでに成長するのではなく、みずから進んで自分を育て、生を拡張しようとするようになる子ども、各人におけるさまざまな努力を尊重して、他人に寛容になっていくように、いわば脱皮をする子どもです。

もう一つは、周囲が要求するおとなになるために、おとなであるようなふりをしながら、絶えず他人と比較して自分が評価されることばかりを期待する子どもです。それはおとなに成ったのではなく、おとなの仮面を被《かぶ》ろうとしているだけなのです（模倣している、擬態している、偽装しているともいえますが、多様な仮面の被り方があるということです）。

前者のような子どもなら、入試や就職や結婚や子育てなど、次々に現われる関門に対して、成功しようと失敗しようと、自分がまた別のものに成り代わることによってこれを克服していこうとするでしょう。後者のような子どもなら、うまくいかないときには、自分を欺瞞《ぎまん》して責めるべき相手を探したり、権威者のいうなりに、単なる心の持ち方を変えようとしたりするでしょう。

前者のような子どもなら、人生の節目に従って何度でも脱皮し、もはやかつての自分ではないということを受け容れていきます。これはいわゆる成長ではないし、進歩でもない。理想像、完成すべき人間としてのあるべき目標があるわけではないからです。そうではなくて、彼らは「進化」するのです。さまざまな方向に向かって努力して、たまたま残って維持できる自分の生の形態を受け容れていくだけなのだからです。

しかし、です。歳をとることによって、脱皮した分、われわれは子ども時代を忘れてしまいます。思い出されるのは、天使であれギャングであれ、眼の前の子どもたちを見ながら捏造《ねつぞう》される記憶です。そこに断片的な回想を混ぜ合わせて、人は自分の子ども時代を捏造します。子どもであったものが何かを忘れてしまったおとなと、おとなが何であるか見当もつかない子ども、ないし子どものままのおとなのあいだの特異な差異。

ドゥルーズとガタリは、「子どもに成る」ということを勧めていますが、おとなになった後に回想され、捏造されるようなものとしてではなく、——私の言葉に翻案すればですが——、まさに上手に歳をとることとして説明します（『千のプラトー』）。

おとなであるということは、過去に責任をもち、未来の目標に向かって進む同一性の自我、パーソナル・アイデンティティを持つことですが、それに対して、同一性の自我であることから脱して、今とは異なるものに成ろうとすることをこそ「子ども」と呼ぶといいます。それはニーチェのいう「幼子《おさなご》」のことでもあるのでしょうか（『ツァラトゥストラはかく語りき』）。

子どものままのおとなは（定義からして）子どもに成ることはできませんが、一旦おとなに成った人であれば、もう一度子どもに成ることができるでしょう。もう一度子どもに成ることを通じてこそ、次には老人に成ることができるのではないでしょうか。

ボーヴォアールのいうように老人に成ることを拒否する人は、「健康の人の国」に属する人でしょう。しかし、老人と成るために、——「おとな」と「子ども」の架け橋や「健康の人の国」と「病気の人の国」の架け橋となって——、子どものときのように、今とは異なるものと成るという老い方もあるのではないでしょうか。そこでは、老いは、生のパロディではありません。

オイディプスが遭遇したスフィンクスの謎々《なぞなぞ》は、「生まれたときは四ツ足で、成長して二本足となって、そのあと三本足になる生き物は？」というものでした（ソフォクレス『オイディプス王』）。答えは「人間」なのですが、まさに老人は三本足です。脚が不自由になって杖をつくというばかりではありません、生きてきた人生という、見えない杖をつくことができるようになるということでもあるのだからです。

一本の脚に怪我をして三本足になってしまったイヌは、あたかもその宿命を受け容れて、産まれて以来ずっと三本足であったかのように振舞います。老人もそのように、二本足であったことを忘れて生きるべきなのかもしれません。

「進化」は、本来は、種に対して使用される概念ですが、「超人」に成るような「個体の進化論」（ニーチェ『力への意志』）という考え方もあり得ます。上手に歳をとったのち、「本物の老人」に成るということです。それがどのようなものかは分かりませんが、身体の状態を含めて生活条件が変わったのだから、もはや以前の自分ではない新たな自分へと、それぞれに進化することができるはずではないでしょうか。

†人生の物語

古代ローマの哲学者、キケロによると、老人は気難しく、心配性で、怒りっぽく、扱いにくく、貪欲であるなどといわれるが、それは年齢と関わることではなく、むしろ老人がその肉体の弱さによって侮《あなど》られ、見下げられることから生じた態度であるといいます（『老年について』）。

体力の衰えも記憶力の衰えも、それは自分の若いときと比較するという過《あやま》ちに由来している。自身にとっては今が問題なのだから、それなりの体力、それなりの記憶力で十分である。体力のなさや記憶力のなさは、実際に若い人にもある。老人は、その比率が高いだけだと考えればよいというのです。

キケロによると、老人は、老いを受け容れて生きるとはいえ、衰えて人生から引退しているというわけではありません。老人にも、それなりになすべきことがあります。それをできない人、しようとしない人を老いた人の典型として、誰もがひとりでにそうなるというように理解すべきではないというのです。

蝶の一生を想像してみましょう。蝶は、蛹《さなぎ》のあいだに青虫のすべての体細胞は溶けてしまい、それを材料として再生した別の生物と成ってしまったものであるからには、その生の大部分の幼年時代についての記憶は存在しないはずです。同様に、蟬は、幼虫と呼ばれる七年もの長い期間の後、交尾するためにほんの七日間のあいだ姿を変え、それで蟬と呼ばれる昆虫になったのですが、その姿は彼の幼虫時代の七年間にとっての何でしょうか。

そのようなものが、なぜ蝶の一生なのでしょうか、蟬の一生なのでしょうか。同様に考えてみて、ものごころのついた頃の私の記憶、幼年時代の私の記憶、青年時代の私の記憶はどこにあるのでしょうか。私は、それら私の経験が実在したとする証拠をすべて持っているわけではありません。それらが実在することを証言してくれる人も次第に死んでいってしまい、やがては何事も語られなくなります。だから逆に聞きましょう、人間もその幼年時代からして、どうしてそれが人間の一生なのでしょうか。

否、むしろ「人間（理性的主体としてのヒューマン）」はいつも幼年期なのです。たくさんのおとなたちに囲まれて、みずから成長しようと生きていた幼年期。それに対してこそ、人間ならぬ「老人」が生まれてきます。そして、アリストテレスのいう一日限りの命しかない蜻蛉《かげろう》（『動物誌』）のように、つまり蜻蛉には食べる必要がないので口が退化しているようにして、体力が「退化」した老人だけがなし得ることがあります。蝉や蝶のようなものとしての「本物の老人」に成るという人生の仕事があるのです。老人の演じる「枯れ木の花」こそ最高であると世阿弥も述べていましたが（『風姿花伝』）、そのことが思い出されます。

世間の人にとって、老いは現象に過ぎず、老人も、人々の多様なキャラクターの一つに過ぎません。偉そうにしていたり、考え深そうにしていたりするキャラクター、あるいはいつもぼんやりしていたり、頑固に自分の殻に閉じ籠っていたりするキャラクター。

しかしながら、老いの本質とは、歳をとったということです。ただ座って自分の息の音を聞き、まどろみながら時の経つのを待つようになったというわけではありません。それは、時間が経つことを知るようになったということです。そこにいる多様な人々が、知覚された空間と直交した見えない時間軸の上に立っていると感じとれるようになったということです。

魂は夜毎《よごと》に巨大な回転を繰り返す星々のようなものですが、それでまた、何とわれわれの住まう社会は、星座に似ていることでしょうか。

星座のように――というのも、星座はたまたま地球から見てその距離を度外視して、また時間の差異を度外視して並ぶ点を結び合わせ、英雄など、物語の象徴になぞらえたものなのですが、それと同様に、われわれは人々の年齢を度外視して、多様な人間の関わりあいとして雑踏や組織を眺め、そこへと入っていくではありませんか。

空間的な諸知覚の中には古いものと新しいものが混在し、それらが秩序をもって並んでいます。人々がここそこを行き来して、さまざまな年齢層の人どうし、それぞれの分量の過去として互いに出会っているのですが、それらが星座のような布置をなして人々の眼前に同時に存在しています。これが、われわれの社会（世間）です（「社会」とは近代の概念ですが、より一般的に、人々が集散している場を「世間」と呼んでおきます）。

われわれがどんな風に思考しようとも、思考する主題も動機も世間の中でしか与えられず、それが「結論」として還流して、意味が与えられる場は世間です。いかに深遠なといわれる思想であれ、あるいは、いかに世間の人々の常識や生活から身を引き剝がしつつ思考しようとしてであれ、――純粋な理論活動のように見えるものもその活動が世間において個人的生活としても社会的貢献としても意義づけられるから推進されるのであって――、それも世間で呼び求められている思考なのです。

自分の思考がイデオロギーから逃れ難いことをふまえつつ、それでも世間的生の隘路《あいろ》を探して何とか自身の思考を社会と時代から解き放ち、一人「純粋思考者」のようなものになろうとしても、それは思考の本性によって不可能です――歳をとることによって、そのことをようやく受け容れることができるようになるのではないでしょうか。

かくして、おなじ世代の人たちが、敵も味方も、それぞれにどんなに異なった思考をしてこようとも、おなじように歳をとっていく――そのような見方ができるようになることが、老人に成るということなのです。「邯鄲の夢」のように総括された一生は、逸話の中では若者にとってのものですが、本当は、老人にとっての物語にほかならないのです。

老いには、人生の折り目のようなものがあります。そこで道を折れることで、初めて人生の物語が始まります。人生の物語なしには、人は死んでも死にきれないに違いありません。

思い出しましょう、鴨長明であれ、松尾芭蕉であれ、深い思索を書き遺したのはみな老人だったということを。それからまた、多くの哲学書が老人によって書かれたということを。

年齢を積み重ねてからすることがあるとすれば、それは若いときにはしなかったようなことであるはずです。年齢と無関係に、社会的に期待される当該年齢の生き方に準じることなく、例えば一丈四方の庵《いおり》を構えた長明のように、あるいは旅に出て客死した芭蕉のように、経験をふまえた新しい生き方を創り出す老人もいていいでしょう。真に愛される老人たちが確かにいます。

老いを自覚するということは、失われてしまったものへの哀愁なのでしょうか。否、むしろ一つの贅沢なのかもしれません。

かつて私は「書くことは生きることだ」と記したことがあるのですが、それは出来事の結末を言語表現にもたらそうとするという意味のことでした。他人の創った、結末を知らないままに死んでいくように人を規定する物語に呑み込まれることなく、物語は自分で紡《つむ》ぐものだという意味です。北斎に倣うなら「文狂老人」?——老境は、「人生の物語」を、みずからそれとなって紡ぎながら、——そこでは死が人生を無にするという意味で「無」についての物語が人生の物語の完成なのですけれども——、人々の尊敬を受けつつ安全に暮らしていける、人生の理想の日々ともなり得るのです。

ともあれ、今は、私も早く「老人」に成らなければ、と思います。歳をとり、死がひたひたと迫ってくるように思われるときには、もっとふまえておくべき、人生についての観点がありますけれど、もっと別のなすべきことがあるのです。

あとがき

私は今旅をしている。がん療養という旅である。本書は旅日記のようなものである。最初は人生論を書こうとしていた——自分が若いときに読んでいたら人生も少しは違うものになったかもしれないというような本を。歳をとらなければ分からないことが、若い人たちが思っているよりもずっと多い。

ところが、ふと、がんになった。がんになって、そんな上から目線ではない、もっと重要な数々のことに気づかされた。とりわけ驚かされたのは、がんとなった現実から、死が意識に衝迫してきて、生のモードが変わってしまったということだった。

精神の目指す普遍性の高みが崩れ落ち、生《せい》の風景を遮っていた永遠という名の曇りガラス（現実を遮蔽するスクリーンとなってそこに超越的理論が映像化される表象の世界）が、俄《にわか》に砕け散ったような気がした。「精神」とは、永遠性の二階に上げられて生の梯子をはずされてしまった意識である。

ハイデガーは、死の宿命性をテーマにして『存在と時間』を書いたが、それが受け容れられたのは第一次世界大戦後の、いつ戦争になっても不思議はない時代においてであったことを思い起こすべきであろう。考えてみれば、人類の歴史のうち、大部分は飢餓、疫病、天災、戦乱の中、一年後に自分が生きているかどうか分からない生を、人々は生きていた。

ところが今日、人間は寿命まで生きるのが当然とされ、それが政府の一大事業だとされ、人々は、生活の背後に自分の唐突な死が控えているという感覚を失ってしまっている。とはいえ、それは隠されているだけである（コロナ禍によって暴露されたように思う）。私は、そうしたことをふまえないと人生については論じられないと思うようになった。

他方、寿命まで生きるのが普通であると感じている人々にとっても、健康寿命の後、老化した肉体をもって生きる日々が残されている。それは、元気なうちに想像していたものとは異なったものであるに違いない。

がんによって初めて老化を自覚させられた私ではあるが、少なくともいえるようになったことがある。それは、歳をとらなければ老いを理解することはできないということである。歳をとらなければ老いを受け容れることはできないということである。私はそのことに決して上手ではなかったが、がんによって、私の眼は強引にそちらへと向けさせられた。

本書は、がんになった人や老いつつある人にのみ向けたものではない。病気や老いや障害を含めて、人生は人生である。唐突な死や老化した肉体——突然袋小路に立たされることをふまえると、人間の生（人生）は随分と異なったものとして見えてくる。健康なおとなの人生、マジョリティの推奨する生ではない「生きている」というそのことについて、たどたどしい手探りに過ぎないものであれ、私の思考の過程が読者の参考になれば幸いである。

二〇一九年師走

人名・書名索引

あ行

アイスキュロス　206
『縛られたプロメーテウス』　206
アインシュタイン、アルベルト　33
芥川龍之介　16
『羅生門』　16
アナクシマンドロス　114, 118, 253
阿部博幸　158
『がんで死なない治療の選択』　160
アリストテレス　305
『動物誌』　305
有吉佐和子　282
『恍惚の人』　282
アルトー、アントナン　244, 248
『神の裁きと訣別するため』　244
イエス・キリスト　277
イヨネスコ、ウジェーヌ　56
『犀』　56
岩田健太郎　145
『新型コロナウイルスの真実』　145
ウィトゲンシュタイン、ルートヴィヒ・ヨーゼフ・ヨーハン　172, 193
『倫理学講話』　193
『論理哲学論考』　173
ヴォネガット、カート　228
『猫のゆりかご』　228
エピクロス　87
『語録』　88
エンゲルス、フリードリヒ　15
『共産党宣言』　15
大江健三郎　118
『万延元年のフットボール』　118
織田信長　91

か行

ガタリ、フェリックス　65, 301
『千のプラトー』　301
葛飾北斎　260, 308
カフカ、フランツ　148, 295
『審判』　148
『変身』　295
カミュ、アルベール　118
『シジフォスの神話』　118
鴨長明　110, 117, 307
『方丈記』　110, 117
カント、イマヌエル　20, 291, 292
『実践理性批判』　289
キケロ　303
『老年について』　303
キャロル、ルイス　89
『鏡の国のアリス』　90
ギュイヨー、ジャン＝マリー　237
『義務も制裁もない道徳』　237

キューブリック、スタンリー　33
キュリー、マリ　206
クレオパトラ七世　299
黒澤明　74, 75
ケイン、リディア　46
『世にも危険な医療の世界史』　46, 130
源信　87
『白骨観』　87
孔子　290
『論語』　290
ゴータマ・シッダルタ（仏陀）　218, 220, 229
ゴッフマン、アーヴィング　191
『アサイラム』　192
コント、オーギュスト　277
『実証哲学講義』　277

さ行

サン＝テグジュペリ、アントワーヌ・ド　197
『戦う操縦士』　197
始皇帝　77
志村喬　74
朱熹　116
シュバイツァー、アルベルト　17
ショーペンハウアー、アルトゥル　298
『人生論』　298
親鸞　115, 217, 218
『歎異抄』　115, 217, 218
スタエルスキー、チャド　52
スピノザ、バールーフ・デ　234
『エチカ』　234
スペンサー、ハーバート　63
『進歩について』　63
世阿弥　305
『鉢の木』（伝世阿弥作）　277
『風姿花伝』　305
セザンヌ、ポール　31
セルヴァンテス、ミゲル・デ　256
『ドン・キホーテ』　256
ソクラテス　32, 42, 78, 97–99, 113, 165, 176, 238, 247
ソフォクレス　234, 302
『オイディプス王物語』　234, 302
ソンタグ、スーザン　60, 130
『隠喩としての病い』　60, 130

た行

平敦盛　91, 117, 261
谷川俊太郎　258
「さようなら」　258
タレス　235
近松門左衛門　201
『曾根崎心中』　201
ディック、フィリップ・キンドレド　118
『アンドロイドは電気羊の夢を見るか？』　118
デカルト、ルネ　47, 51, 64, 87, 139, 175, 253, 287
『省察』　51, 65, 87, 253
道元　85, 169

『正法眼蔵』 85, 170
ドゥルーズ、ジル 65, 301
『千のプラトー』 301
豊臣秀吉 39, 40

な行

ニーチェ、フリードリヒ 92, 109, 116, 238, 252, 302, 303
『力への意志』 238, 303
『ツァラトゥストラはかく語りき』 116, 302
西田幾多郎 114
『善の研究』 114
ニュートン、アイザック 109

は行

ハイゼ、パウル 235
『星を覗く人』 235
ハイデガー、マルティン 37, 88, 310
『存在と時間』 37, 88, 310
パウロ 169
『ロマ書』 169
パスカル、ブレーズ 39, 127, 144, 153, 256, 258, 293, 299
『パンセ』 40, 127, 144, 153, 258, 293, 299
ハミルトン、エドモンド 91
『フェッセンデンの宇宙』 91
バルザック、オノレ・ド 55
『人間喜劇』 55
ピーダーセン、ネイト 46
『世にも危険な医療の世界史』 46, 130
ピカソ、パブロ 84
ヒポクラテス 195
ヒューム、デイヴィッド 140
『人間本性論』 140
フーコー、ミシェル 11, 12, 34, 137, 195
『社会は防衛しなければならない』 11, 34, 138
『臨床医学の誕生』 195
藤原敏行 116
『古今和歌集』 116
プラトン 95, 113, 114
『饗宴』 113, 247
『ソクラテスの弁明』 42, 78, 176
ブルーノ、ジョルダーノ 109
『無限、宇宙と諸世界について』 109
フロイト、ジークムント 11, 172
ヘーゲル、ゲオルク・ヴィルヘルム・フリードリヒ 41
『精神現象学』 41
ベケット、サミュエル 166
『ゴドーを待ちながら』 166
ヘシオドス 115
『神統記』 115
ヘッセ、ヘルマン 116
『車輪の下』 116
ヘラクレイトス 110, 115, 119
ベルクソン、アンリ 111, 159, 236, 239, 252
『時間と自由』 111, 159
『創造的進化』 239
『物質と記憶』 236, 252
ベロー、ソール 183

『宙ぶらりんの男』 183
ベンタム、ジェレミ 218, 219
『義務論』 219
『道徳と立法の原理序説』 218
ボエティウス 234
ポー、エドガー・アラン 117
『メールシュトロームの大渦』 117
ボーヴォアール、シモーヌ・ド 67, 274, 275, 302
『老い』 274, 275
ホッブズ、トマス 85, 88, 219
『リヴァイアサン』 85, 88, 219
ホフマン、ダスティン 9
本庶佑 161
『がん免疫療法とは何か』 161

ま行

マキアヴェリ、ニッコロ 287
『君主論』 287
松尾芭蕉 31, 39, 307
『奥の細道』 39
マッカーサー、ダグラス 257
マリー・アントワネット 68
マルクーゼ、ヘルベルト 66
『一次元的人間』 66
マルクス、カール 15
『共産党宣言』 15
マルセル、ガブリエル 42
『存在と所有』 42
三木清 148
三島由紀夫 38
『金閣寺』 38
宮沢賢治 229
「雨ニモ負ケズ」 229
宮野真生子 149
『急に具合が悪くなる』 148
ミル、ジョン・スチュアート 33
ムカジー、シッダールタ 150
『がん――四〇〇〇年の歴史』 150
陸田真志 64, 65
『死と生きる』 64
メルロ＝ポンティ、モーリス 38, 165, 251
『行動の構造』 251
『知覚の現象学』 38, 165
孟子 288
『孟子』 288
モンテーニュ、ミシェル・ド 51, 67, 76, 88, 94, 252
『エセー』 51, 76, 88, 94

や行

柳田国男 81
『先祖の話』 81
山本常朝 86
『葉隠』 86
山本光雄 115
吉田兼好 87
『徒然草』 87

ら行

ライプニッツ、ゴットフリート 55, 58, 110

『弁神論』 58
『モナドロジー』 55
ランカスター、バート 8
ルソー、ジャン＝ジャック 271
『エミール』 271
レイン、ロナルド・デイヴィッド 37
『引き裂かれた自己』 37
ローチ、ケン 62

死《し》の病《やま》いと生《せい》の哲学《てつがく》
二〇二〇年七月一〇日　第一刷発行

著者　船木 亨（ふなき・とおる）
発行者　喜入冬子
発行所　株式会社 筑摩書房
東京都台東区蔵前二‐五‐三　郵便番号一一一‐八七五五
電話番号〇三‐五六八七‐二六〇一（代表）
装幀者　間村俊一
印刷・製本　株式会社 精興社

ISBN978-4-480-07329-7 C0210

ちくま新書
1506

ちくま新書

1183 現代思想史入門 船木亨

ポストモダン思想は、何を問題にしてきたのか。生命、精神、歴史、情報、暴力の五つの層で現代思想をとらえなおし、混迷する時代の思想的課題を浮き彫りにする。

1334 現代思想講義 ——人間の終焉と近未来社会のゆくえ 船木亨

自由な個人から群れ社会へ。その転換を6つの領域——人間・国家・意識・政治・道徳・思考——で考察。AI化やポピュリズムで揺れ動く人類文明の行く末を探る。

1460 世界哲学史1 ——古代I 知恵から愛知へ [責任編集] 伊藤邦武／山内志朗 中島隆博／納富信留

人類は文明の始まりに世界と魂をどう考えたのか。古代オリエント、旧約聖書世界、ギリシアから、中国、インドまで、世界哲学が立ち現れた場に多角的に迫る。

1461 世界哲学史2 ——古代II 世界哲学の成立と展開 [責任編集] 伊藤邦武／山内志朗 中島隆博／納富信留

キリスト教、仏教、儒教、ゾロアスター教、マニ教などの宗教的思考について哲学史の観点から領域横断的に検討。「善悪と超越」をテーマに、宗教的思索の起源に迫る。

1462 世界哲学史3 ——中世I 超越と普遍に向けて [責任編集] 伊藤邦武／山内志朗 中島隆博／納富信留

七世紀から一二世紀まで、ヨーロッパ、ビザンツ、イスラーム世界、中国やインド、そして日本の多様な形而上学の発展を、相互の豊かな関わりのなかで論じていく。

1463 世界哲学史4 ——中世II 個人の覚醒 [責任編集] 伊藤邦武／山内志朗 中島隆博／納富信留

モンゴル帝国がユーラシアを征服し世界が一体化へと向かう中、世界哲学はいかに展開したか。天や神など超越者に還元されない「個人の覚醒」に注目し考察する。

1464 世界哲学史5 ——中世III バロックの哲学 [責任編集] 伊藤邦武／山内志朗 中島隆博／納富信留

近代西洋思想は、いかにイスラームの影響を受けたスコラ哲学によって準備され、世界へと伝播したか。中国・朝鮮・日本までを視野に入れて多面的に論じていく。

1465 世界哲学史6 ——近代Ⅰ 啓蒙と人間感情論 ［責任編集］伊藤邦武／山内志朗／中島隆博／納富信留

啓蒙運動が人間性の復活という目標をもっていたことを、東西の思想の具体例とその交流の歴史から浮き彫りにしつつ、一八世紀の東西の感情論へのまなざしを探る。

1060 哲学入門 戸田山和久

言葉の意味とは何か。私たちは自由意志をもつのか。人生に意味はあるか……こうした哲学の中心問題を科学が明らかにした世界像の中で考え抜く、常識破りの入門書。

832 わかりやすいはわかりにくい？ ——臨床哲学講座 鷲田清一

人はなぜわかりやすい論理に流され、思い通りにゆかず苛立つのか——常識とは異なる角度から哲学的に物事を見る方法をレッスンし、自らの言葉で考える力を養う。

1104 知的生活習慣 外山滋比古

日常のちょっとした工夫を習慣化すれば、誰でも日々向上できるし、人生もやり直せる。『思考の整理学』の著者が齢九十を越えて到達した、知的生活の極意を集大成。

1320 定年後の知的生産術 谷岡一郎

仕事や人生で得た経験を生かして、いまこそ研究に没頭するチャンス。情報の取捨選択法、資料整理術、そして著書の刊行へ。「知」の発信者になるノウハウを開陳。

978 定年後の勉強法 和田秀樹

残りの20年をどう過ごす？ 健康のため、充実した人生を送るために最も効果的なのが勉強だ。記憶術、思考力、アウトプットなど、具体的なメソッドを解説する。

1261 医療者が語る答えなき世界 ——「いのちの守り人」の人類学 磯野真穂

医療現場にはお堅いイメージがある。しかし実際はあいまいで豊かな世界が広がっている。フィールドワークによって明らかにされる医療者の胸の内を見てみよう。